学校で教えてくれない英文法

英語を正しく理解するための55のヒント

薬袋善郎 著
みない

研究社

preface
はじめに

「英語ブーム」といわれて久しいのですが、英語を学ぶすべての人が楽しく勉強しているわけではありません。少しでも楽しく楽に学べるようにと学校や出版社が繰り出すあの手この手の工夫やアイデアが、かえって英語に興味を失わせる結果になっていることも少なくありません。

簡単なことをわざと難しく説明するのは愚かなことです。従来の英語教育にそういう嫌いがあったことは否定できません。その反省の上に立って、なるべく無用な努力をせず、楽に英語を学べるように、いろいろ手立てを講ずるのは当然のことです。しかし、だからといって、ある程度入り組んでいて、それなりに頭を使わなければ習得できないことまで、単純な機械的作業を繰り返せば努力無用で自然に身につくかのように宣伝するのは、人を欺くことです。頭を使わなければ習得できないことを、頭を使わずに習得しようとしても、楽しくありません。苦痛なだけです。人間は年齢がいけば、推理力、批判力、判断力が発達し、それを使うことに喜びや快感を覚えます。英語の勉強も例外ではありません。頭を使わなければ習得できないことは、適切に頭を使って習得できたとき、初めて楽しいと感じるのです。

ところが、今の日本の英語教育は「頭を使わないことが楽しく学ぶことだ」という不思議なテーゼに支配されています。外形が同じ表現でも、場合を分けて、それぞれの成り立ちを理解すれば、異なる意味を持つことが容易に納得でき、納得すれば自然に頭に定着するのに、一切の分類や理屈を排除し、ただ結

論だけを丸暗記させる。楽しく勉強するための工夫なるものは、暗記の苦痛をごまかして、なんとか努力を継続させるための手立てにすぎない。これではまるで動物の調教です。私には理性的存在である人間を愚弄するものとしか思えません。

　私は、暗記を全面否定しているのではありません。語学の勉強に暗記は必須です。そうではなくて、暗記以外の勉強(＝頭を使って考える勉強)を排斥する風潮に異議を唱えているのです。

　勉強を始めた当初は単純でやさしい表現ばかりですから頭を使わなくても楽しくやれる。ところが、次第に勉強が進んで複雑で難しい表現になってくると、たんなる暗記では太刀打ちできなってくる。その段階で頭を切り替えて「理屈」の勉強に向かえばどうということはなく先に進めるのに、「英語の勉強は理屈じゃない」という固定観念に縛られているために、「理屈」の勉強を敵視して頑(かたく)なに拒否する。そのあげくに、自分の力で理解できない表現は適当に「誤魔化し読み」をして読めたことにしてしまう。中には、自分がわからない表現はすべて悪文ということにして、書き手が悪いと言い放つ人さえ出てきます。

　その一方で、かなり早い段階で暗記一辺倒の勉強に苦痛を感じる人もいます。もっと理解し、納得しながら勉強できないものかと「英語ができる」と称する人に相談するのですが、「英語の勉強は理屈じゃない！」と一喝されて意気消沈し、やがて次第に英語が嫌いになり、ついには英語と聞いただけで虫唾(むしず)が走るような筋金入りの「英語アレルギー」になってしまう。こんな人もたくさんいます。

　私には、どちらの人も「頭を使わないことが楽しく学ぶことだ」という無茶苦茶なテーゼの犠牲者に思えてなりません。もうそろそろ「頭を使わなければ(＝理屈を勉強しなければ)英語はわからない」ことを認め、「楽しく頭を使う＝楽しく理屈を勉強す

る」方法を工夫する方向が出てきてもいいのではないでしょうか。

　そう言うと、すぐに文法用語を使うのをやめたり、かわいらしいイラストを入れたりといった方向に傾きがちですが、私は、文法用語を使わず日常用語で説明したり、かわいらしいキャラクターを登場させることが「楽しく」することだとは思いません。どんなときに「楽しい」と感じるかは人それぞれですが、少なくとも私は、モヤモヤしてはっきりしない事柄が筋の通った説明で明快に理解できたときに「楽しい」と感じます。大人になってから英語の勉強を始める人は、私のように感じる人が多いのではないでしょうか。

　日常用語は専門用語と比べるととっつきやすいという利点はありますが、逆に概念の輪郭がボケがちで、差異をはっきりさせた明晰な説明には適しないことが多いのです。「文法用語が難しければ、使わないで説明しよう」という方向に行くのではなく、「文法用語が難しければ、どうしたらその用語をわからせることができるだろう」という方向に工夫を凝らすべきだと思うのです。

　学校文法で英語嫌いが増えるのだとしたら、それは「学校文法」が悪いのではなく、学校文法の「教え方」が悪いのだ、となぜ考えないのでしょうか。幼児が英語を学ぶやり方と大人が英語を学ぶやり方が違っていては、なぜいけないのでしょうか。効果的な「道具概念」を人為的に構成し、それを駆使して、混沌として制御不能に見える現象に切り込み、ついには、その背後に隠されたメカニズムを把握して、その現象を自由自在に操れるようになる、これこそ理性的動物たる人間の人間たる所以(ゆえん)ではないでしょうか。

　話が大袈裟になりましたが、本書は従来の説明では突っ込み

はじめに

が足りずに十分な理解が得られない表現を落穂拾い的に集めたものです。順序は at random ですから、どこから読んでいただいても結構です。本書の説明を読んで「なるほどね！」と腑に落ちる楽しみを少しでも味わっていただけたら、本書をまとめた甲斐があったというものです。もし、本書をきっかけにもう一度本腰を入れて英語を勉強してみようと思ってくださる方がいたら、こんなにうれしいことはありません。

　本書は『毎日 Weekly』紙上に連載した記事を元に加筆したものです。連載時にお世話になった『毎日 Weekly』編集部と研究社編集部の佐藤陽二氏にお礼を申し上げます。また、駿台予備学校の田上芳彦氏に貴重な御教示をいただきました。ありがとうございました。

2003 年 6 月　薬袋善郎

contents
目　次

01.	単独首位か同率首位か	001
02.	〈no + 名詞〉の 2 つの読み方	003
03.	as + 代名詞 + be 動詞	006
04.	worth の使い方　その 1	008
05.	worth の使い方　その 2	012
06.	分詞構文の強調形	016
07.	「異なり」と訳す as	019
08.	〈no + 形容詞 + 名詞〉の 2 つの読み方	021
09.	文頭の So + 形容詞 + do	024
10.	〈as 原級 as〉で譲歩を表わす構文	026
11.	much as S + V	028
12.	不可能 + 過度	030
13.	形容詞と不定詞が相容れない？	032
14.	世界の多くは穀物一収穫だ??	035
15.	of + 関係代名詞　その 1	039
16.	of + 関係代名詞　その 2	041
17.	関係形容詞	044
18.	as far as と as long as	047
19.	動名詞を使って 2 文をつなぐ	050
20.	accompany	053
21.	the reason that S + V	056
22.	否定語 . . . so 原級 as ～	059
23.	関係代名詞 it is . . . to –	062
24.	have + O + 原形	065
25.	have + O + 過去分詞	068
26.	did you say と疑問詞	070
27.	one か that か？　その 1	073

28.	one か that か？ その 2	**076**
29.	as + 原級形容詞 + 名詞 + as	**080**
30.	in case	**084**
31.	進行形の倒置	**087**
32.	主語の扱いをうける there	**089**
33.	疑問詞を強調する構文	**092**
34.	文頭の As for、As to、As with	**095**
35.	過去における可能性	**097**
36.	could have p.p. の考え方	**100**
37.	If だからといって仮定法とは限らない	**103**
38.	that と it のペア	**106**
39.	人民の政治？	**108**
40.	too ~ to -?	**110**
41.	強調構文？？	**113**
42.	A if B と A if not B	**119**
43.	no + 比較級 + 名詞 + than ~	**122**
44.	比較級 ... than ~	**125**
45.	不許可 + 過度	**128**
46.	being p.p. の考え方	**131**
47.	what is left of ~	**134**
48.	「この川は泳ぐのに危険だ」	**137**
49.	複数名詞 put together	**140**
50.	many more 複数名詞　その 1	**143**
51.	many more 複数名詞　その 2	**146**
52.	The 比較級, the 比較級	**149**
53.	whoever の 2 つの意味	**152**
54.	no matter what	**155**
55.	Whatever is, is right.	**158**

あとがき　**163**
索引　**167**
問題出典表　**170**

lesson 01
単独首位か同率首位か

次の2つの表現、〈as 原級 as any (other) 〜〉と〈比較級 than any (other) 〜〉の違いを考えてみましょう。この2つは普通の参考書ではどちらも最上級の意味を表わすとされていますが、本当は意味が違うのです。

まず次の文が表わしている内容を考えてみます。

He is as tall as any other boy in his class.

any other boy in his class は「彼のクラスの他のどんな少年でも」という意味です。クラスには背の高い子もいれば中くらいの子や背の低い子もいます。この英文は「彼以外ならどんな少年でもいい」と言っているのですから、ここは遠慮なく彼以外でいちばん背の高い少年に登場してもらいましょう。するとこの英文は、「彼は、彼以外でいちばん背の高い少年と同じ背の高さだ」と言っていることになります。

すると、彼はたしかにクラスでいちばん背の高い少年ではありますが、少なくとも他にもう1人は彼と同じくらいの背の高さの少年がいることになります。つまり、彼は'単独首位'ではなく'同率首位'なのです。そこで、訳としては「彼はクラスの他のどの少年**にも劣らず背が高い**」となります。

それでは、次の文はどうでしょうか。

He is taller than any other boy in his class.

これは「彼以外でいちばん背の高い少年より彼はさらに背が高い」のですから、彼と身長で肩を並べる者はいないので、彼は'単独首位'です。そこで、訳としては「彼はクラスの他のどの少年**よりも背が高い**」となります。

　以上の違いがわかると、次のような英文も正確に読めるようになります。さっそく挑戦してみましょう。

These fresh water lakes form a waterway, which is as busy as, if not busier than, any other waterway in the world.

　この文の意味は「これらの淡水湖は１本の水路を形成しており、その水路は、世界の他のどの水路よりも船舶の通行量が多いというわけではないにしても、どの水路にも劣らぬ通行量を持っている」です。つまり「これらの淡水湖（北米の五大湖です）が形成する水路は、船舶通行量の点で単独首位ではないにしても、少なくとも同率首位（＝世界でいちばん通行量が多い水路の１つ）だ」と言っているわけです。

　〈as 原級 as any（other）〜〉と〈比較級 than any（other）〜〉を同じ意味だと考えている人が結構たくさんいます。しかし、厳密に考えるとこのような違いがあります。実際、上の文のように、その違いを意識しないと読めない場合もあるわけですから、違いを意識することも大切です。

lesson 02
〈no＋名詞〉の２つの読み方

　表題の〈no＋名詞〉という表現には、２つの読み方があります。第１の読み方は、**noをnotとanyに分解し、anyを名詞にかけ、notを動詞にかける**ものです。こうすると〈any＋名詞（＝どんな名詞も）not＋V（＝Vしない）〉となります。

　次の文でそれを確かめてみましょう。

No news has come.

これを頭の中で、次のように変えて読みます。

---

*Any news has not come.

「どんな知らせも届いていない」の意味になります。ただし、any ... not の語順は誤りです。こういうときは any と not を合わせて no にするのが英語のルールです。したがって、これは頭の中で想定するだけになります。もちろん、慣れてきたらこの想定すらせずに、No news has come. を見ただけで「どんな知らせも届いていない」という意味を読み取れなければいけません。

　第２の読み方は、**〈no＋名詞〉だけで「名詞がないこと」と読む**やり方です。たとえば、次のような文です。

No news is good news.

〈no + 名詞〉の 2 つの読み方

これは「知らせがないのはよい知らせ」の意味です。もちろん、第 1 の読み方で「どんな知らせもよい知らせではない」と考えることもできますが、決まり文句として第 2 の読み方をするのが普通です。

次の 2 つの文を比べてみてください。

---

1. In no clothes does Rie look attractive.

2. In no clothes, Rie looks attractive.

---

1. は、主語の前に助動詞が出て、疑問文と同じ語順になっているので、In no clothes は「否定の意味の副詞句」だとわかります。そこで第 1 の読み方で「どんな服を着てもリエは魅力的に見えない」と考えます。

2. は、疑問文の語順ではないので、In no clothes は否定の意味の副詞句ではありません。そこで第 2 の読み方で「衣服がない状態で(= 裸になると)リエは魅力的に見える」と考えます。

それでは、力試しに次の問題に挑戦してください。

問　題

次の 2 つの文を訳しなさい。

1. Actions that matter to no one without a motor-car, with a car, may become anti-social and deadly dangerous.

2. No progress at all is preferable to an arguing that might preserve the Soviet's lead in the arms race.

1.は第1の読み方です。「車がなければ誰にも問題にならない行動が、車があると反社会的でひどく危険なものになることがある」となります。

　2.は第2の読み方です。「(軍縮会議で)まったく進展がなかったことも、軍備競争でソ連の優位を維持するかもしれない議論よりはましである」となります。

　このように、〈no + 名詞〉が出てきたら必ず否定文だというわけではありません。第2の読み方をすると肯定文になります。ただし、第2の読み方は比較的少ないと考えてください。

lesson 03
as＋代名詞＋be動詞

 問題

空所に入れるのにもっとも適当な語句を選びなさい。

It is as it is (　　) intricate circumstances behind it.

a. at present　b. because of　c. what
d. as　e. complicated

　この問題を解くには、まず It is as it is の部分が読めなければなりません。ここから考えてみましょう。

　〈as＋代名詞＋be〉が「ありのままに」「現状のままで」という意味の副詞節になることがあります。たとえば、次のような場合です。

Try to see things as they are.

　they は things を指していて、they are は「それらが存在している」という意味の第 1 文型 (SV) です。これに「様態」を表わす従属接続詞の as をつけると「それらが存在しているように」という意味の副詞節になります。これを Try to see things の see にかけて考えると「物事を、それらが存在しているように見るよう努力しなさい」となります。ここから「物事をありのままに見るようにしなさい」という意味が出てきます。

　次の文はどうでしょうか。

The situation is grave enough even as it is.

　この文は「事態は、現状のままでもかなり重大だ」となります。

　さて、上の問題の It is as it is はこれと同じ表現です。It は何か前に出たことを指していますが、この問題では前後の英文が示されていないので、中身が何かはわかりません。It is は「それは存在している」という意味です。it は It is の It を指していて、as it is は「それが存在しているように」という意味の副詞節です。そこで It is as it is は「それは、それがいま存在しているように存在している」→「それは現状である」という意味になります。

　ここまでくれば答えはわかります。because of です。全体の意味は「それが現状であるのは、それの背後にある複雑な事情のせいである」となります。

　それでは、次の文はどうでしょう。難しいかもしれませんが、じっくり考えてみてください。

Why what is is as it is, is a question none of the sciences could attempt to answer.

　Why ... as it is は名詞節で4番目の is の主語です。what is は名詞節で2番目の is の主語です。as it is は副詞節で2番目の is を修飾しています。全体の意味は「なぜいま存在しているものがそのように存在しているのかは、どんな科学も答えようとすることすらできない疑問である」となります。読めましたか。

lesson 04
worthの使い方　その1

　このレッスンと次のレッスンで、worthの全体像をきちんとお話ししましょう。

　まず、worthには「価値」という名詞と「価値がある」という形容詞の2つがあります。名詞の場合は特に変わった使い方はしません。普通に「主語・動詞の目的語・前置詞の目的語・補語」として使うだけです。

　ところが、形容詞の場合には非常に変わった使い方をします。**形容詞のworthはそれだけで使うことはできず、必ず後ろに名詞をつけて〈worth＋名詞〉で「名詞の価値がある」という使い方をしなければなりません**。たとえばa post worth $100,000 a year（年棒10万ドルの職）のようになります。worthは形容詞でa postを修飾し、$100,000がworthの後ろにつく名詞です。この名詞は文法上「worthの目的語」と呼ばれます。

　worthは形容詞ですからもちろん補語として使うこともできます。次の文を見てください。

The vase is not worth what you paid for it.
「その花瓶は君が支払った額だけの価値がない」

---

　worthは形容詞でisの補語になり、what you paid for itの全体が名詞節で、worthの後ろにつく名詞（＝worthの目的語）になっています。

　ところで、worthの目的語には「純粋な名詞」や「関係代名詞のwhatが作る名詞節」だけでなく「動名詞」を置くことが

できます。ただし、不定詞は置けません。ですから、worth + -ing で「〜する価値がある」という意味を表わせますが、worth + to- では表わせません。worth + to- は誤りです。それでは、worth + -ing の形を使った次の2つの英文を見てください。

---

1. This book is worth reading.
「この本は読む価値がある」→「この本は一読の価値あり」

2. *Life is worth working.
「人生は働く価値がある」→「人生は働き甲斐がある」

みなさんはこの2つの英文を見てどう思いますか。「特に問題ないじゃないか」と思った方はいませんか。じつは 1. は正しいのですが、2. は誤りです。その理由を説明しましょう。

さきほどもお話ししたように、worth の目的語に動名詞を置くことは可能です。ただし、その動名詞は次の3つの条件をすべて満たさなければいけないのです。

> （**1**） 後ろに「動詞の目的語」か「前置詞の目的語」のどちらかが足りない不完全な動名詞でなければならない。
> （**2**） **能動形の動名詞でなければならず、受動形の動名詞（= being p.p.）は許されない。**
> （**3**） **worth によって説明される名詞が動名詞の意味上の目的語にならなければいけない。**

この3つ目の条件は、たとえば〈S be worth -ing〉の場合なら、S が -ing の後ろの足りない目的語の位置に意味の上で入る関係にならなければいけない、ということです。

具体的に考えてみましょう。This book is worth reading. の

reading は「worth の目的語」になる動名詞です。本来 read は I read this book.（私はこの本を読んだ）のように目的語をつけて使う動詞（＝他動詞）です。ところが worth reading の reading には目的語がついていません。すなわち reading は「動詞の目的語」が足りない不完全な動名詞です。次に reading はもちろん能動形です（受動形は being read になります）。さらに、この文の場合、主語の This book が意味の上では reading の後ろの足りない目的語の位置に入る関係になっています（＝ reading this book が成立する、ということです）。すなわち 1. の英文は 3 つの条件をすべて満たしています。ですから正しいのです。

　それでは 2. の英文を見てみましょう。2. では working が worth の目的語です。ところで、work は She worked very hard.「彼女は一生懸命働いた」のように目的語をつけないで使う動詞（＝自動詞です）。したがって、working の後ろには目的語が足りないということはありません。つまり working は足りない要素がない完全な動名詞なのです。したがって 2. の英文は最初の条件から満たしていないので誤りなのです。

　それでは、どうすれば正しくなるでしょうか。簡単です。working の後ろに目的語が足りないというようにすればいいのです。そのためにはどうしたらよいでしょうか。そうです、前置詞を置けばいいのです。for を置いてみましょう。Life is worth working for. となります。これだと、for の後ろに目的語（＝前置詞の目的語）が足りません。もちろん working は受動形ではありません。そして、working for の後ろには意味の上で Life が入る関係になります（＝ working for life「人生のために働く」が成立する）。3 つの条件を満たしたので今度は正しい英文になりました。

　それでは、次の英文は正しいでしょうか？

Such a life is not worth living.

「work と同様、live は She lives away from her parents.（彼女は両親から離れて暮らしている）のように目的語をつけないで使う動詞（＝自動詞）だ。したがって、living の後ろには目的語が足りないということはない。つまり living は足りない要素がない完全な動名詞だ。すると、この英文は最初の条件から満たしていない。したがって、誤りだ」と考えた人はいないでしょうか。

この人は、考え方は正しいのですが、結論は間違っています。この英文はまったく正しいのです。たしかに live は自動詞で使うのが普通です。ところが、目的語に life を置けば他動詞で使えるのです。たとえば、live a happy life（幸せな人生をおくる）のような具合です。このように、本来は自動詞で使う動詞でも、その動詞の名詞形であれば、それを目的語にして、他動詞で使うことがあります。このような目的語を「同族目的語」といいます。die a miserable death（悲惨な死を遂げる）なども同族目的語の例です。すると、上の英文は主語が Such a life なので、これを living の「意味上の目的語」にできるのです。つまり、「worth living の living は他動詞で、後ろに目的語が足りない。そして、主語の Such a life が意味上の目的語になっている」と読むことができるのです。したがって、この英文は条件を満たしていることになり、正しいのです。全体は「そんな人生は生きるに値しない」という意味になります。

このように、形容詞の worth は表面だけ見ていたのでは本当のことはわかりません。各語の背後にある抽象的な相互関係（＝構文）に目をつけたとき、初めて worth の実態が明らかになるのです。

lesson 05
worth の使い方　その２

　形容詞の worth は、しばしば「仮主語-真主語の構文」で使われます。このレッスンでは、この場合の worth の使い方を勉強しましょう。まず、次の英文を見てください。

It is worth while seeing the film.

　It は仮主語、is は述語動詞、worth は補語、while は「時間」という意味の名詞で「worth の目的語」、seeing は動名詞で真主語、the film は seeing の目的語です。直訳すると「その映画を見ることはそれだけの時間の価値がある」となります。この英文は真主語に不定詞を置くこともできます。
　また、while には所有格がつくこともあります。すると次のようになります。

It is worth your while to see the film.

　前のレッスンで、worth の後ろには不定詞を置けないと言いました。それは worth の目的語の位置には置けないという意味で、この英文の to see は真主語ですからさしつかえないのです。なお、この英文を the film を主語にして書き換えると、The film is worth seeing. になります。
　ところで、It is worth while seeing the film. をもう一度見てください。これが正しいことは間違いありません。ところが、辞書には次の英文も正しいと書いてあるのです。

It is worth seeing the film.

　この英文には、worth の目的語である while がありません。これはどうしたことでしょうか。辞書には解説が出ていないので、??? になるのですが、なんと、**「仮主語をたてて、真主語に動名詞を置いた形では worth の目的語の while を省略できる」**というとんでもないルールがあるのです。

　こうすると worth の後ろにいきなり動名詞がくるので、一見 worth の目的語に動名詞を置いた形に見えるのですが、「動名詞が、すべての要素がそろった完全な動名詞であること」と「worth の前が It is であること」から while の省略であることがわかるのです。

　それでは、次の問題をやってみてください。

 問　題

問１　次の英文を２通りに和訳しなさい。
　It is worth climbing.

問２　誤りがあれば訂正しなさい。
　The place is worth while visiting.

問３　「大事なことは何か生きがいになることをもつことです」という意味になるように、カッコ内の語を並べ替えなさい。ただし、１語足りないので適切な語を補充すること。
　The important thing is (worth, to, living, something, have).

問1

 Itが何か前に出ている山とか丘を指しているなら、climbingはworthの目的語になります。そして、climbingは他動詞で、目的語が足りない不完全な動名詞であり、Itがclimbingの意味上の目的語になります。全体は「それ(＝その山)は登るだけの価値がある」という意味です。

 それに対し、Itが前出の名詞を指すのではなく、仮主語で、climbingが真主語の可能性があります。すると、worthの後にはworthの目的語であるwhileが省略されていて、climbingは自動詞で(「山登りすること」＝「登山」という意味です)、climbingの後には何も足りない要素はありません。全体は「山登りはそれをするだけの価値がある」という意味です。

問2

 whileを残すのであれば、仮主語のItを使って、It is worth while visiting the place.(その場所を訪れることはそれだけの価値がある)にしなければなりません。ただし、この形はwhileを省略して、It is worth visiting the place.にすることもできます。

 The placeを主語にするのであれば、whileを取って、The place is worth visiting.(その場所は訪れるだけの価値がある)にしなければなりません。この場合のvisitingはworthの目的語です。

問3

 The important thing is to have something worth livingまでは簡単に作れます。livingは自動詞ですから、このままでは後ろに目的語が足りない形になりません。そこで、前置詞をつけて、前置詞の目的語が足りない形にします。「生きがい」というのは

「生きる目標」ですから、前置詞は for が適切です。something worth living for にすれば「そのために生きるだけの価値がある何か」という意味になって、「何か生きがいになること」という内容を表わせます。

lesson 06
分詞構文の強調形

 問 題

空所に入れるのにもっとも適当な語句を選びなさい。

( ) children the way she does, Sue should become a teacher.

a. Like   b. Liked   c. Liking   d. To like

問題に入る前に、次の文を考えてみましょう。

Living in the country, I seldom have visitors.

この文は「私は田舎で暮らしているので、訪れる人もめったにいません」という意味で、Living in the country は「理由」を表わす分詞構文です（Living は現在分詞）。

ところで、このように**分詞構文が「理由」を表わすとき、as が作る従属節で強調することができます**。どうするかというと、**現在分詞が導く分詞構文のときは後ろに〈as + 代名詞 + do〉を置く**のです。as は「様態」を表わす従属接続詞で、代名詞はこの文の主語を指し、do は代動詞で分詞構文と同じ内容を表わします。たとえば、上の文の場合はこうなります。

Living as I do in the country, I seldom have visitors.

as I do は as I live in the country の live in the country を代動詞の do に置き換えたものです。直訳すると「私は田舎で暮らしているのですが、そのように田舎で暮らしているので、訪れる人もめったにいません」となります。

同じ内容を2回繰り返すことによって、繰り返し部分を強調していることがわかります。そこで、実際に訳すときは「このように田舎で暮らしているので、訪れる人もめったにいません」とか「実際田舎で暮らしているので、訪れる人もめったにいません」という訳文にします。

最初の問題はこれを聞いているのです。

Liking children, Sue should become a teacher.

という文の Liking children を強調すると、

Liking as she does children, Sue should become a teacher.
「あのようにスーは子供が好きなのだから、先生になるべきだ」

となります。ところで the way S + V が as S + V と同じ「様態を表わす副詞節」になることがあります。

I want to be able to speak French the way Sue does.
「私はスーのようにフランス語が話せるようになりたい」

のような文です。これは the way が従属接続詞の as と同じ働きをするのです。

これと同じように、上の文の as she does を the way she does に置き換えることができます。さらに、これを children の後ろに移すと、次のようになります。

分詞構文の強調形

Liking children the way she does, Sue should become a teacher.

したがって、Liking が正解です。

lesson 07
「異なり」と訳す as

 問題

同じ意味の英文を選びなさい。

Tom does not like eggs as John does.

- **a.** Tom does not like eggs, though John likes them.
- **b.** Neither Tom nor John likes eggs.
- **c.** Either Tom or John likes eggs.
- **d.** Both Tom and John dislike eggs.

問題文を「トムはジョンのように卵が好きでない」と訳した場合、一応正しい訳ですが、あまりよい訳文ではありません。この日本文は次の3通りに解釈できるからです。

(**1**) 「ジョンのように」を「卵が好きでない」にかける場合
「ジョンは卵が嫌いで、トムもジョンと同じように卵が嫌いである」
(**2**) 「ジョンのように」を「卵が好き」にかける場合
　(**2-a**) 「ジョンは卵が好きだが、トムは卵が嫌いである」
　(**2-b**) 「トムは卵が好きだが、卵大好き人間のジョンほどではない」

「異なり」と訳す as

　ところで、問題文の主節と as の節を比べてみると、主語の Tom と John が違うだけで、あとは同じ内容を主節が否定形で、as 節が肯定形で書いているだけです。このような使い方をした as は「**対比の as**」と呼ばれ、**同じ内容について肯定と否定を単純に対比する働きをします**。問題文は (2-a) の意味を表わしているのです。したがって、選択肢の a. が正解です。

　この as を訳すときは、「～のように」ではなく「～だけれども」か「～とは異なり」と訳すと意味が明瞭になります。

「ジョンと異なり、トムは卵が好きでない」

のようにするのです。

　最後に 2 つの文を示しますので、それぞれの意味を検討してください。なお、2 番目の文は、主節が肯定で as 節が否定の例です。

---

1. The world a baby sees before him is not made up, as it is for adults, of many separate elements.

2. Men usually like wrestling as women do not.

---

　1. の意味は「赤ん坊が目前に見ている世界は、大人の場合とは異なり、多数の分離した要素で構成されているのではない」となります。as it is の it は the world を指し、is の後ろに made up が省略されています。

　2. の意味は「女性と異なり、男性は普通レスリングが好きである」です。

　as を「…と異なり」と訳すこともあると言われると意外だったかもしれません。しかし、この表現はかなりよく使われます。気をつけてください。

lesson 08
〈no＋形容詞＋名詞〉の2つの読み方

〈**no＋形容詞＋名詞**〉には次の2つの読み方があります。

> （1） **no** が副詞で形容詞を修飾する場合
> 　　「**決して形容詞でない名詞**」
> （2） **no** が形容詞で名詞を修飾する場合
> 　　「**どんな形容詞な名詞も V しない**」

さっそく実例を見てみましょう。

There is no royal road to learning.

royal（王様の）は、ここでは「安易な、楽な」という意味で使われています。(1)の読み方だと「学問に至る決して楽でない道がある」となります。誰でも「学問に至る道は基本的に楽ではない」ことは知っているのですから、これでは「あたりまえのこと」を言っていることになり、何が言いたいのか不明です。(2)の読み方だと「学問に至るどんな楽な道も存在しない」となります。これは「学問に至る道は基本的に楽ではないが、どこかに楽な近道があるのではないか」と思っている人に対して、「近道はない」と戒めたのです。普通「学問に王道なし」と訳されています。

〈no + 形容詞 + 名詞〉の2つの読み方

He showed me no small kindness.

(1)だと「彼は私に決して小さくない親切を示した」→「彼は私に大変親切にしてくれた」となります。(2)だと「彼は私にどんな小さな親切も示さなかった」→「彼は私にまったく親切にしてくれなかった」となります。この文は(1)の意味で使います。

それでは、次の文はどちらの読み方でしょうか。

No young man can possibly see immediately the qualities of a great book.

(1)だと「決して若くない人(=老人)は偉大な書物の優れた点をただちに理解できる」となります。(2)だと「どんな若い人も偉大な書物の優れた点をただちに理解することはとうていできない」→「若い人は誰でも、偉大な書物の優れた点をただちに理解することはとうてい無理である」です。常識的に(2)の読み方が正解です。

もうひとつやってみましょう。

This will be done at no distant date.

これは(1)の読み方で「これは決して遠くない日にちに行われるでしょう」→「これは近いうち行われるでしょう」という意味です。

ところで、この2つの読み方はどちらで読んでも意味が変わらないことがあります。

The strange voice was emanating from no ordinary animal.

(1)だと「その奇妙な声は決して普通ではない動物から発せられていた」、(2)だと「その奇妙な声はどんな普通の動物からも発せられていなかった」となります。これは、どちらで読んでも事柄は変わりません。

とくに、〈no＋形容詞＋名詞〉がbe動詞の補語になっているときは、どちらで読んでも事柄は変わりません。

This is no easy problem.

(1)だと「これは決して易しくない問題だ」、(2)だと「これはどんな易しい問題でもない」となります。どちらにしても「これは難問だ」と言っているわけですから、同じです。

〈no＋形容詞＋名詞〉では1つの読み方だけを考えると、誤読をする場合があります。別の可能性があることにも、ちょっと注意してください。

lesson 09
文頭の So + 形容詞 + do

次のように文が始まっているとします。

So absurd did . . .

この出だしを見て、このあとどう続くかピンときたら、かなり英文を読み慣れた人です。じつは、これは中学でおなじみの so 〜 that 構文の倒置形の出だしです。後ろはこう続きます。

So absurd did he look that everyone stared at him.

文頭の So は that 以下の副詞節を受けていて、absurd は look の補語です。直訳すると「誰もが彼を見つめるほど、それほどばかげた様子に彼は見えた」となります。普通は前から訳して「彼は大変ばかげた様子に見えたので、誰もが彼を見つめた」とするのはご存じのとおりです。これを倒置しないで、もとの形で書くと、

He looked so absurd that everyone stared at him.

となります。
もうひとつ見てみましょう。

So far was I from feeling satisfied with any explanation of the accident that I decided to investigate the cause of it for myself.

「私はその事故のいかなる説明にもまったく満足する気になれなかったので、自分で原因を調査することに決めた」

このように、so ~ that 構文が倒置になると、まず文頭に So ~が出ます。つまり、文頭に〈So + 形容詞〉か〈So + 副詞〉が来るのです。次に S + V の V が be 動詞であれば、be 動詞が主語の前に出ます。S + V の V が一般動詞であれば、助動詞の do が主語の前に出ます。このことから、**文頭の 3 語が〈So + 形容詞 / 副詞 + be / do〉になったときは、直感的に「この後 that が出るな」とわかる**のです。

以上をふまえて、次の文を見てください。

So little did I rely on his memory that I put him on his oath before handing the letter to him.
「私は彼の記憶力をほとんど信頼していなかったので、彼に手紙を手渡す前にきっと投函するという誓いを立てさせた」

しかし、次のようなこともありますから、決めつけるのは危険です。

Water has a great natural capacity to collect contamination and to carry it away. So much is indeed so familiar about water that people need hardly give it any thought.
「水は汚れを集めて運び去る大きな自然の力を持っている。この程度のことなら実際とてもよく知られているので、人々は考慮を払う必要はほとんどない」

文頭の So much は前文を受けて「それだけの量」→「この程度のこと」という意味です。so familiar ... that が so ~ that の関係になっていることを確認してください。

lesson 10
〈as 原級 as〉で譲歩を表わす構文

問題

空所に入れるのにもっとも適当なものを選びなさい。

(　　) she tried to smile, waves of tears splashed down her face.

a. Not that　b. As much as　c. As hard as
d. So much that

　従属接続詞の as が作る副詞節は、様態・時・理由・譲歩などいろいろな意味を表わします。このうち譲歩の意味を表わすときは、as の前に名詞・形容詞・副詞のどれかを出し、as の後ろに S + V を置くという特別な語順になります。言い換えると、〈名詞/形容詞/副詞 + as + S + V〉という語順にすると、全体が「〜だけれども」という意味の副詞節になるのです。

　次の3つの文を検討してください。

---

1. Poor peasant as he was, he was not ashamed of himself.

2. Strange as it may sound, it really happened.

3. Submissively as he stood before her, she knew she

was beaten.

---

1. は名詞が前に出た例です。peasant は可算名詞ですが、単数・無冠詞で使われています。このように、この構文で as の前に名詞を出すときはつねに単数・無冠詞にするのがルールです。「彼は貧しい農夫だったが、自分を恥じてはいなかった」という意味になります。

2. は形容詞が前に出た例です。「それは奇妙に聞こえるかもしれないが、本当に起こったのだ」の意味です。

3. は副詞が前に出た例です。「彼は従順に彼女の前に立っていたが、彼女は自分が負けたことを知っていた」という意味です。いずれも as が though と同じ意味を表わしています。

これらの構文で、as の代わりに though を使う人もいます。すると、上の3つの文は次のようになります。

1′.　Poor peasant though he was . . .
2′.　Strange though it may sound . . .
3′.　Submissively though he stood before her . . .

ところで、**この構文で as の前に形容詞・副詞が出るときは、その形容詞・副詞の前に as を置くことがあります。**この場合、〈as + 形容詞 / 副詞 + as + S + V〉の語順になります。

じつは、この譲歩構文はもともと比較構文から派生したものなので、形容詞・副詞の前に as がつくのは「本家帰り」したようなものなのです。

最初の問題はこれを聞いているのです。形の上では as much as と as hard as のどちらもありえますが、tried を修飾する副詞は hard ですから、正解は as hard as です。「彼女は懸命に微笑もうとしたが、涙が頬をしたたり落ちた」の意味になります。

lesson 11
much as S + V

次の2つの英文を読み比べてください(なお、2.に出てくる動詞の asperse は「聖水を振りかける」という意味です)。

---

1. Much as we resemble one another, we are none of us exactly alike.
2. He sprinkled water upon the flower, much as a Catholic priest would asperse his congregation.

どちらの文も much as S + V という表現を含んでいます。この表現には2つの可能性があります。

1つは、前のレッスンでお話した「as を用いた譲歩構文」です。この構文は as の前に名詞・形容詞・副詞を出して作ります。そこで、as の前に副詞の much を出すと much as S + V という形になるわけです。この場合は、**much as S + V の全体が副詞節で「S は非常に V するけれども」という意味を表わします**。

1. はこの構文で、「我々はお互いに非常に似通っているが、まったく同じという人は1人もいない」という意味です。

もう1つは、as S + V が「S が V するように」という「様態」の意味を表わす副詞節になり、この副詞節を much という副詞が修飾している形です。much the same (だいたい同じ)のように、much は「同じ」とか「似ている」という意味の語・句・節を修飾するときは「ほとんど、だいたい」という意味を表わします。たとえば 1. の exactly alike を much alike にすると「ほ

ぼ似通っている」という意味になります。そこで、その場合には **much as S + V で「S が V するのとだいたい同じように」という意味になります。**

2. はこの構文で「彼は、カトリックの司祭が信徒に聖水をかけるのとおよそ同じような具合に、花に水をかけてやった」という意味です。

以上をふまえて、次の文に挑戦してみてください。

We in the West have so long taken it for granted that human beings like to be free that it comes as a surprise to us to read of a country in which a slave regards freedom much as Adam regarded his exile from Eden.

最初の it は仮目的語で、that human . . . free が名詞節で真目的語です。that it comes . . . from Eden は副詞節で、so long の so を修飾しています。so long . . . that は so ～ that 構文です。as Adam . . . Eden は様態を表わす副詞節で、much が前からこの as 節を修飾しています。a slave 以下を直訳すると、「アダムがエデンの園からの追放を考えたのとだいたい同じように、奴隷が自由について考える」となります。これを内容がわかるように訳すと、次のようになります。

「我々、西洋の者は、人間が自由な状態を好むのは当然であると古来考えてきた。そこで、奴隷が自由を思うとき、エデンの園から追放されることについてアダムが感じた悲しみとほぼ同じような悲しみを感じるような、そんな国のことを読むと驚くのである」

さて、much as のところは正しく認識できたでしょうか。

lesson 12
不可能＋過度

次の文を見てください。

We cannot be too careful in the choice of our friends.
「友人を選ぶ際は、どんなに注意してもしすぎるということはない」

　これは cannot ～ too（どんなに～してもしすぎることはない）の例文として有名です。ところで、この意味を表わす表現がいつも cannot ～ too の形をとるのだと思いこんでいると、足をすくわれることがあります。

　この表現の特徴は、**まず先に「不可能・困難」を表わす語句が出て、その後ろに「過度」を表わす語句が続くことです。その結果として、「どんなに～してもしすぎることはない」の意味を表わす**のです。「不可能・困難」を表わす語句としては、cannot、can hardly、impossible、difficult、not easy などが使われます。「過度」を表わす語句としては too、接頭辞の over、exaggerate などがあります。いくつか実例を見てみましょう。

　動詞の前に接頭辞の over をつけると「～しすぎる」という意味になることがよくあります。たとえば、overestimate（過大評価する）とか overemphasize（強調しすぎる）などです。そこで、これを使って、たとえば次のような文を作ることができます。

It is impossible to overestimate its value.

この文は「それの価値を過大評価するのは不可能だ」の意味です。ここで「不可能だ」と言っているのは「評価」ではなく、「過大」のところです。そこから「それの価値は、どんなに評価してもしすぎることはない」という意味が出るわけです。

　もっとも、接頭辞 over がついても、oversee「監督する、見張る」や overlook「(うっかり)見落とす、(とがめだてせずに)見逃す、(高いところから)見渡す」のようなことがあるので、注意しなければいけません。

　それから、exaggerate は「誇張する」→「大げさに強調する」の意味で、この語自体の中に「過度」の意味を含んでいます。

We can hardly exaggerate its importance.

　この文の意味は「我々は、それの重要性をどんなに強調しても、誇張したことにはまずならない」です。

　なお、「不可能＋過度」に似た表現に〈cannot 〜 enough〉があります。これは「十分に〜することはできない」→「どんなに〜しても、し足りない」という意味です。たとえば、

I cannot praise him enough.

は「どんなに彼をほめても、ほめ足りない」となります。

　最後に、例文をもうひとつ紹介しましょう。

The only thing in the world that one can never receive or give too much is love.

　「人がどんなに多く受け取ったり、与えたりしても多すぎるということのない、この世でたった１つのものは愛情である」となります。できましたか。

lesson 13
形容詞と不定詞が相容れない？

問題

空所に適当な1語を入れなさい。

This is a question (　　) important to be neglected.

さあ、できましたか。

この問題のポイントは important（重要な）と to be neglected（無視される）が内容的に矛盾している点にあります。「重要」なら無視されないはずですし、逆に「無視される」なら、重要ではないはずです。言い換えると、「この内容的矛盾をたった1語で解消せよ」というのがこの問題の趣旨です。

答えは too です。直訳すると「これは無視されるには重要すぎる問題だ」となります。普通は「これは非常に重要なので無視できない問題だ」のように前から訳し下ろします。

どの参考書を見ても、too ～ to – の例文は～の部分が be 動詞の補語になっています。次のような形です。

He is too tired to study.
「彼は非常に疲れているので勉強できない」

そのために、〜が後ろから名詞を修飾する形になると、気づけない人が多いのです。

話を元に戻すと、**too 〜 to − 構文の最大の特徴は「あいだにはさまれた〜と後ろに続く to − が内容的に矛盾していて、この矛盾を前の too が一発で解消する」**点にあります。これをつかんでいれば、次のような問題も難なく解けます。

問　題

空所に clever と foolish のどちらか適当なほうを入れなさい。

1.　He is not too (　　) to solve the problem.
2.　He is too (　　) not to solve the problem.

---

1. は to solve the problem（その問題を解ける）と矛盾する形容詞 foolish を入れます。「彼はその問題を解くのに愚かすぎる、ということはない」→「彼はその問題を解くぐらいの知能はある」→「彼はその問題を解ける」となります。

2. は not to solve the problem（その問題を解けない）と矛盾する形容詞 clever を入れます。「彼は、その問題を解けないというには利口すぎる」→「彼はその問題を解くぐらいの知能はある」→「彼はその問題を解ける」となります。

このように、**too 〜 to − 構文に not がからむときは、全体を not で否定する〈not too 〜 to −〉と、不定詞だけを not で否定する〈too 〜 not to −〉の 2 つのパターンがあります。そして、この両者は〜に入る形容詞が正反対になりますが、文全体の意味は同じで、どちらも「不定詞する、できる」という肯定の意味を表わします。**

以上をふまえて、次の問題をやってみてください。

> **問題**
>
> 2つの文が同じ意味になるように空所内の語を並べ替えなさい。
>
> **She is so talkative that she cannot help revealing the secret.**
> = **She is (talkative, to, not, too) reveal the secret.**

talkative と矛盾するのは not to reveal です。したがって、正解は、

She is too talkative not to reveal the secret.
「彼女はとてもおしゃべりなので、秘密を話さないでいることができない」

となります。

lesson 14
世界の多くは穀物一収穫だ？？

問題

次の文を訳しなさい。

Much of the world is one harvest away from starvation.

　名詞に副詞の働きをさせたいときは、前置詞をつけて〈前置詞＋名詞〉で副詞句にするのが原則です。ところが、**時間・距離・数量・様態を表わす名詞は前置詞がつかずに、名詞のままで副詞の働きをすることがあります。このように使われた名詞を「副詞的目的格」といいます**。次の文を見てください。

All his life he lived in London.
「生涯、彼はロンドンで暮らした」

　All his life は前置詞がつかない名詞ですが、lived を修飾する副詞の働きをしています。これは時間を表わす副詞的目的格です。次はどうでしょうか。

We had to walk part of the way.
「我々は途中で一部歩かなければならなかった」

　part は距離を表わす副詞的目的格で、walk を修飾しています。

このように副詞的目的格が動詞を修飾するときは、位置は動詞の前後いろいろです。ところが、**副詞的目的格が形容詞や副詞を修飾するときは、必ず形容詞や副詞の直前でなければならないというルールがあります**。たとえば、次の文を見てください。

He is five years old.
「彼は5歳だ」

これは SVC の第2文型ですが、C（＝補語）は five years ではなくて old です。five years は old（これは形容詞です）を修飾する副詞的目的格です。もう1つ見てみましょう。

He did it two years ago.
「彼は2年前にそれをやった」

この文では、two years が副詞的目的格で ago を修飾しています。ago は純粋な副詞で did を修飾しています。

上の2つの例は、どちらも形容詞や副詞を修飾する副詞的目的格なので、直前に置かれているのです。これを理解すると、次のような英文も正確に読むことができます。

Stars were diamond bright.

これを「星は輝くダイアモンドだった」と訳す人がいますが、間違いです。それなら、Stars were bright diamonds. になるはずです。この文は diamond が様態を表わす副詞的目的格で bright を修飾し、bright が were の補語なのです。正確に訳すと、「星はダイアモンドのように輝いていた」となります。

最初の問題はこれと同じ考え方をします。まず、one harvest を抜いて考えてみましょう。

Much of the world is away from starvation.
「世界の多くは現在飢餓状態から離れたところにいる」
　→「世界の多くは現在飢えていない」

　これをベースにして、どれくらい飢餓状態から離れているかを one harvest(穀物一収穫分)で示したのです。つまり、one harvest は is の補語ではなく、距離を表わす副詞的目的格として前から away を修飾しているのです。
　文全体の意味は次のようになります。

「世界の多くは現在飢餓状態から穀物一収穫分だけ離れたところにいる」
　→「世界の多くは、異常気象などで一年穀物生産がストップしたら、たちまち飢えてしまう」

　最後に、次の問題をやってみてください。

問　題

下の語句を適当な順序で空所に入れなさい。

Those (　　) (　　) (　　) (　　) (　　) (　　) are not allowed to take the examination.

a. than　**b.** more　**c.** late　**d.** are
e. fifteen minutes　**f.** who

　全体の意味は「15分以上遅刻した人は試験を受けることを許されない」となるはずです。ところで、「15分以上遅刻する」を、

***who are late more than fifteen minutes

と書くことはできません。その理由を説明しましょう。

　late の比較級は later であって、more late ではありません。したがって、more は late を修飾しているのではなく、more than がひとかたまりになって fifteen を修飾し、more than fifteen が minutes を修飾しているのです。つまり、more than fifteen minutes は「15 より多い分(ふん)」→「15 分以上」という意味の名詞なのです（本当は 15 を含んでいないので、「以上」というのは不正確です）。この名詞は late を修飾するのですから、副詞的目的格です。したがって、必ず late の直前に置かなければなりません。

　すると、正しい文はこうなります。

Those who are more than fifteen minutes late are not allowed to take the examination.

　いかがでしょうか。副詞的目的格などという難しそうな用語を見ると逃げ出したくなる人もいると思いますが、これは英文の構造を考えるときに大事な概念です。

lesson 15
of + 関係代名詞　その1

> **問題**
>
> 空所に適切な関係詞を入れなさい。
>
> I remember being deeply disappointed in the first elephant I saw. The elephant was only a miniature of (　　) I had imagined.

　第1文は「私は、初めて見た象にひどくがっかりしたのを覚えている」という意味です。

　さて、問題は第2文です。みなさんの中で、「空所に入るのは関係詞で、直前には前置詞の of がある。先行詞の a miniature は人間ではない。わかった、答えは which だ！」と考えた人はいなかったでしょうか。

　空所に which を入れた場合、形容詞節の which I had imagined が先行詞の a miniature を修飾すると考えることはできません。これでは、前置詞 of の目的語が足りなくなってしまうからです。which を入れた人は、当然 of which I had imagined を形容詞節と考え、これを先行詞の a miniature にかけたはずです。この考え方は構文的にも、意味的にも間違いです。

　構文面から考えると、imagine は他動詞で使うのが原則で、imagine of ～ という言い方は辞書にも出ていません。仮に imagine of ～ という言い方があったとしても、今度は意味の面から成立しません。次のような読み方になるからです。

of + 関係代名詞　その1

> The elephant was only a miniature
> →「その象はミニチュアにすぎなかった」
> → *of which I had imagined
> →「そのミニチュアについて私は想像していた」

　これを元に文全体を和訳すると、「その象は、私が想像していたミニチュアにすぎなかった」となります。しかし、これでは「この人は象を見たことがないうちから、なにかミニチュアを想像していて、初めて実際に象を見たらそのミニチュアそのものだった」という意味になります。つまり実際の象は想像どおりだったことになりますから、第1文で「深く失望した」と言っていることと矛盾します。

　正解は what です。「空所に入るのは of の目的語になる語だ」という考えを変えられないと、答えは出ません。本当は what I had imagined の全体が名詞節になっていて、この名詞節が of の目的語なのです。これだと、imagined は他動詞で what が imagined の目的語になります。第2文全体の意味は「その象は、私が想像していたもののミニチュアにすぎなかった」となります。これは「象というのは家3軒分くらいの巨大な動物だと想像していたのに、実際にはそれよりずっと小さかった」という意味です。話者は予想を裏切られていますから、第1文で「深く失望した」と言っていることと符合します。

　... 名詞 of (　　) ... で「空所に関係詞を入れなさい」という問題のとき、軽率に which と決めつけてはいけません。また、〈名詞 of what S + V〉で what が関係代名詞のときは、「S が V する名詞」という訳では誤りです。事柄が違うからです。正確に「S が V すること[もの]の名詞」と訳すようにしましょう。

lesson 16
of + 関係代名詞　その2

問題

次の英文を訳しなさい。

1. The colonial troops were only small groups of what we would today call "guerrilla fighters."

2. We find in books a confirmation of what we have in our mind.

　前回のレッスンの最後に、「〈名詞 of what S + V〉で what が関係代名詞のときは、「S が V する名詞」という訳では減点されます。事柄が違うからです。正確に「S が V すること[もの]の名詞」と訳すようにしましょう」と書きました。みなさんの中には「関係代名詞の what を『こと、もの』と訳すのは常識だ。そんな不注意な間違いをする人がいるわけない」と思った方もいるでしょう。

　しかし、受験生の答案を見ると、この間違いは多いのです。それは、「こと、もの」を訳さなくても、意味が成立することがあるからです(ただし、原文の意味とは違います)。

　たとえば、上の 1. を「植民地軍は、今日なら私たちがゲリラと呼ぶ小さな集団にすぎなかった」と訳す人がいます。たしかに意味は通っています。しかし、これだと、私たちは小さな集団をゲリラと呼ぶことになりますから、英語では次のようにな

るはずです。

. . . small groups which we would today call "guerrilla fighters."

　原文は「今日なら私たちがゲリラと呼ぶ<u>もの</u>の小さな集団」と言っているのです。この「もの」の中身は人間ですから、「今日なら私たちがゲリラと呼ぶ<u>人たち</u>の小さな集団」としたほうが適切です。文全体の訳は「植民地軍は、今日なら私たちがゲリラと呼ぶ<u>人たちからなる</u>小さな集団にすぎなかった」となります。

　2.も同じです。「私たちはすでに自分の頭の中にある確証を本に見出すのだ」と訳す人がいます。これでは、最初から頭の中に確証があることになります。正解は「私たちはすでに自分の頭の中にある<u>ことの</u>確証を本に見出すのだ」です。これは「頭で考えたことと同じこと、あるいは、それを証明することが本に書いてあるのを見つけて、『これで正しいのだ』と確信する」ということです。

　以上をふまえて、次の問題を解いてみてください。

問 題

空所に適切な関係詞を入れなさい。

No man can accurately determine the condition of the society of (　　) he forms a part.

---

　what を入れると what he forms a part が名詞節になります。しかし、he forms a part は SVO の第 3 文型で完結しています

から、節内でwhatの働きが決まりません。

　答えはwhichです。of which he forms a partが形容詞節で、先行詞のthe societyを修飾します。文全体は「自分が構成員になっている社会の状態を正確に判定することは誰にもできない」という意味です。

lesson 17
関係形容詞

> **問題**
>
> 空所に適当な1語を入れなさい。
>
> 1. We drove on to the hotel, from (　　) balcony we could look down at the town.
> 2. I stayed in Japan only for a few months, during (　　) time I went through a series of hardships.

　my book の my は「人称代名詞の所有格」と呼ばれます。また、the book の the は「定冠詞」と呼ばれます。しかし、これらは本来「名詞の前について、名詞を限定する形容詞の一種」なのです(実際、所有格は別名「所有形容詞」とも呼ばれます)。そこで、**ある文を関係詞節にするために所有格や定冠詞を関係詞に置き換えるとしたら、その関係詞は「関係形容詞」と呼ぶのが適切**です。

　では、具体的に考えてみましょう。所有格を関係詞に変えるときは whose にします。たとえば、His name is Jack. の His を関係詞に変えると whose name is Jack となります。whose は name を修飾しているので「関係形容詞」です。これを使うと次のような文を作れます。

I know an American boy whose name is Jack.

それでは、定冠詞の the を関係詞に変えるときは何を使うでしょうか。

答えは which です。たとえば、The disease was then incurable. の the を関係詞に変えると which disease was then incurable となります。which は disease を修飾しているので「関係形容詞」です。これを使うと次のような文を作れます。

He contracted tuberculosis, which disease was then incurable.

「彼は結核にかかったが、この病気は当時不治とされていた」

I know an American boy whose name is Jack. の whose の中身は his です。しかし、だからといって whose の代わりに his と書くことはできません。それと同じで、

He contracted tuberculosis, which disease was then incurable.

の which の中身は the です。しかし、だからといって the と書くことはできません。どうしても the を使いたければ、

He contracted tuberculosis. The disease was then incurable.

と分けて書かなければなりません。

それでは、最初の問題を考えてみましょう。balcony は the hotel の構成部分であって、the hotel そのものではありません（the hotel ≠ balcony）。したがって、from its balcony になるはずです。1. は whose が正解です。「私たちはそのホテルまでドライブした。そこのバルコニーからは町を見下ろすことができ

た」という意味です。

　それに対して、a few months は期間ですから、a few months = time といえます。したがって、during the time になるはずです。そこで、2. は which が正解です。「私が日本に滞在したのはほんの数ヶ月だったが、そのあいだ私は苦難の連続だった」の意味になります。

「関係形容詞の which は定冠詞の the を関係詞に代えたものだ」ということを、しっかり覚えておいてください。

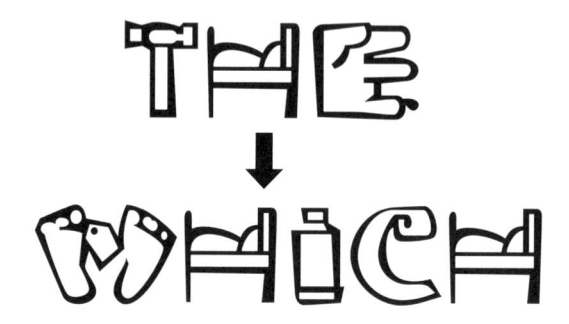

THE
↓
WHICH

lesson 18
as far as と as long as

> **問題**
>
> 空所に入れるのに適切な語句を選びなさい。
>
> 1. There was nothing but water (　　) the eye could see.
>
>   a. as long as   b. as soon as   c. as far as
>   d. as much as
>
> 2. Any book will do as (　　) as it is instructive.
>
>   a. long   b. hard   c. few   d. possible   e. many

日本語では「…が～する限り」という表現で２つの違う意味を表わします。それに対して英語は、その２つをそれぞれ別の表現で表わします。どういうことか、具体的に考えてみましょう。

日本語で「私の知る限り、彼は信頼が置けます」と言った場合、「私が知っている範囲内では、彼は信頼が置ける」の意味を表わします。これは「**範囲**」ですから、英語では far を使い、

As far as I know, he is reliable.

と言います。それに対して「私が生きている限り、あなたに不自由はさせません」と言った場合は、「私が生きている時間内では、あなたに不自由はさせない」の意味です。これは「**時間**」で

as far as と as long as

すから、英語では **long** を使って、

I won't let you struggle as long as I live.

と言います。

　ところで、「私が生きている限り(あなたに不自由はさせない)」を「私が生きてさえいれば(あなたに不自由はさせない)」と言っても同じです。「…が〜しさえすれば」は、「…が〜する」ことが主節の内容を実現するための十分条件である(…が〜すれば、それだけで主節の内容が実現する)ことを表わす表現です。

　英語で十分条件を表わすときは if only S + V (S が V しさえすれば)と言います。つまり、as long as S + V = if only S + V になることがあるのです。たとえば、次のような場合です。

You may use the kitchen as long as you clean up afterwards.
「あと片づけさえすれば、台所を使っていいです」

　それでは、最初の問題を考えてみましょう。1. は「見渡す限り、水以外には何もなかった」という意味になるはずです。これは「目に見える範囲内では」という意味ですから、as far as が正解です。2. は long を入れると「ためになりさえすれば、どんな本でもいい」という意味になります。

　なお、入試では次のような日本文の英訳問題が出題されます。

「私の目の黒いうちは、そんなことは許さない」

　この「私の目の黒いうちは」を while my eyes are black などとしてはだめです。次のようになります。

I won't permit such a thing as long as I live.

次の表現も頻出ですから、注意しましょう。

As far as I am concerned, forget the whole thing.
「私に関する限り、そのことはすべて忘れてください」

His reports aren't bad as far as they go, but there's not enough detail in them.
「彼の報告はその限りでは(=彼の報告に限定して考えれば=他と比べなければ)悪くはないが、詳しさの点で足りない」

なお、as far as と as long as は so far as や so long as のように so を使うこともあります。とくに十分条件を表わすときには、as long as より so long as のほうがよく使われます。あわせて頭に入れておいてください。

lesson 19
動名詞を使って2文をつなぐ

> **問題**
>
> 次の2つの文を動名詞を使って1文につなぎなさい。
>
> **He is worried.**
>
> **His son did not get good marks.**

　動名詞を使って2文をつないだり、あるいは複文(=従属節を用いた文)を単文(=従属節を用いない文)に書き換えたりする問題は昔から大学入試の定番です。こういった問題を解くときのポイントは次の3つです。

- （1）　2つの文の主語が異なるときは、動名詞に意味上の主語をつける。
- （2）　2つの文の時制が異なるときは、完了動名詞を使う。
- （3）　否定文のときは not を動名詞の直前に置く。

　では、問題を考えてみましょう。2つの文をつなぐと「彼は息子が良い成績をとらなかったことを心配している」となるはずです。あるいは「息子が良い成績をとらなかったことが彼を心配させている」としてもよさそうです。

いずれにせよ、His son did not get good marks. を動名詞を使って名詞句に変える必要があります。この2つの文の主語は、一方が He で他方が His son ですから、異なっています。そこで his son は動名詞の「意味上の主語」として動名詞の直前に置かなければいけません。

次に、この2つの文の時制は、一方が現在形で他方が過去形ですから、異なっています。そこで、より時間的に古い内容を表わす文(この場合は過去形のほうの文)を動名詞を使って名詞句に変えるときは、完了動名詞 (= having p.p.) を使わなければいけません (p.p. は「過去分詞」のことです)。

さらに、この文は否定文ですから not で動名詞を否定しなければなりません。そうすると、つい having not got としがちですが、これは間違いです。動名詞を否定する not は動名詞の直前に置くのが決まりなのです。意味上の主語と not の順番は〈意味上の主語 + not + 動名詞〉になります。すると、his son not having got good marks となります。これを He is worried につなげるには前置詞の about か over を使うのが適切です。正解は、

He is worried about his son not having got good marks.

となります。

His son not having got good marks makes him worried.

という答えも別解にしてよいでしょう。

以上をふまえて、次の問題に挑戦してください。

動名詞を使って2文をつなぐ

> **問 題**
>
> 同じ意味になるように空所に1語ずつ入れなさい。
>
> **She complained that her brother had not been treated fairly.**
>
> = **She complained of (　　)(　　)(　　)(　　)(　　) treated fairly.**

この問題も上述の3つのポイントをすべて満たしています。正解は、

She complained of <u>her brother not having been</u> treated fairly.

「彼女は弟が公正に扱われなかったことについて苦情を言った」

となります。受身形の完了動名詞が having been p.p. になることに注意しましょう。

lesson 20
accompany

次の文を見てください。

Thunder accompanies lightning.

thunderはゴロゴロという音を指して「雷鳴」の意味、lightningはピカッという光を指す「稲光」の意味です。

さて、これを「雷鳴は稲光をともなう」と訳す人がいます。しかし、雷は先に稲光が光って、後で雷鳴がとどろくのですから、「雷鳴は稲光をともなう」では明らかに順序が逆です。

じつは、〈主語 + accompany + 目的語〉はつねに目的語のほうが主役で、主語が脇役なのです。「脇役が主役をともなう」とは言いません。「脇役は主役にともなう」のです。したがって、〈主語 + accompany + 目的語〉は「主語は目的語にともなう」と訳さなければなりません。上の文は「雷鳴は稲光にともなう」が正解なのです。

以上をふまえて、次の文を訳してみてください。

Little attention was paid to the problems that could accompany rapid change in living patterns — problems of water supply, waste disposal, pollution of environment, for example.

全体の意味は「生活様式の急激な変化にともなって生じる可

能性がある問題、たとえば、水の供給、ごみ処理、環境汚染のような問題に対してはそれほどの注意は払われなかった」となります。

それでは、次はどうでしょうか。

Growth of the economy has been accompanied with a low birth rate and relatively stable price.

〈主語 + accompany + 目的語〉を受身にすると、目的語(=主役)が主語になり、主語(=脇役)は by 〜 または with 〜 という副詞句になります。**形は 〈主語 + be accompanied + by（または with）〜〉です。今度は、主語が主役で、〜が脇役ですから「主語は〜をともなう」と訳します**。これは第3文型の能動態における普通の訳し方(=S が O を V する)と同じです。主役と脇役の関係をしっかりつかんでいないと、この訳は作れないので注意してください。

文全体の意味は「経済成長は低出生率と比較的安定した物価をともなってきた」となります。

最後に、次の文に挑戦してみましょう。

It is chilling to think what will happen to our planet and to its limited resources if industrialization with its accompanying evils of environment pollution goes on at the present rate.

---

accompanying を前から名詞にかけた 〈accompanying + 名詞〉は「O′にともなって生じる名詞」という意味になります。O′

(＝意味上の目的語)**は前後関係から推測します**。

　そこで、its accompanying evils を逐語的にとらえると、「工業化が持っている（＝its）工業化にともなって生じる（＝accompanying）害悪（＝evils）」となります。its accompanying evils の背後には、Evils accompany it.（＝害悪が工業化にともなう）という文があることを理解してください。

　全体の意味は「工業化がそれにともなって生じる環境汚染という弊害とともに現在の割合で進めば、我々の地球とその限りある資源はどうなるであろうか、これを考えると寒気がする」となります。

　なお、attend も accompany と同じ使い方をする動詞なので、確認してみてください。

lesson 21
the reason that S + V

次の2つの例文を見比べてください。

I'm standing.
I don't have a seat.

　特別な事情がない限り、この2つの英文の関係は前者が「結果」で、後者はその「原因・理由」です。
　さて、because S + V の S + V に上のどちらかを入れるとしたら、どちらを入れるのが正しいでしょうか。because は「理由」を表わす従属接続詞ですから、because S + V の S + V には「理由」(= I don't have a seat) が入ります。したがって、

I'm standing because I don't have a seat.
「私は席がないので、立っています」

のようになります。
　それでは the reason that S + V の S + V に上のどちらかを入れるとしたら、どちらを入れるのが正しいでしょうか。
　答えは「両方とも入る可能性がある」です。なぜかわかりますか。
　the reason for which S + V は「S が V する理由」という意味で、S + V には「結果」が入ります。the reason for which I'm standing (私が立っている理由)のようになります。for which I'm standing は形容詞節で the reason を修飾しています。for which

は for the reason（その理由で）と同じ意味の副詞句で I'm standing を修飾しています。この for which を1語の副詞にしたものが関係副詞の why です。why を使うと the reason why I'm standing になります。

関係副詞は when、where、how、why の4種ですが、このいずれも that で代用することができます（この that はもちろん関係副詞です）。そこでこの表現は the reason that I'm standing ということも可能です。これを使えば、次のような文を作れます。

The reason that I'm standing is obvious. I don't have a seat
「私が立っている理由は明白である。席がないのだ」

以上から、〈**the reason that 結果を表わす S + V**〉は「**S が V する理由**」という意味で、この場合の **that** は関係副詞であることが理解できます。

ところで、reason という名詞は、fact などと同様に、従属接続詞の that が作る名詞節を同格として後ろに置くことができます。いわゆる「同格名詞節」で、〈the reason that S + V〉の形になります。同格というのは名詞を別の名詞で言い換えることですから、この場合は the reason = that S + V です。したがって S + V には「理由」が入ります。次のような例です。

I'm standing for the reason that I don't have a seat.
「私は席がないという理由で立っているのです」

このような〈**the reason that 理由を表わす S + V**〉は「**S が V するという理由**」の意味で、この場合の **that** は従属接続詞です。

次の文は、ある手紙の出だしの部分です。どちらの the reason that かを考えてください。

Dear Mr. Anderson: This letter is being sent to you at your office for the obvious reason that we should not let Mrs. Anderson see this.

---

that は従属接続詞で、that ... this は同格名詞節です。意味は「アンダーソン様。このお手紙をあなたの会社宛てにいたしましたのは、奥様にこれをお見せすべきではないのが明らかであるためです」となります。

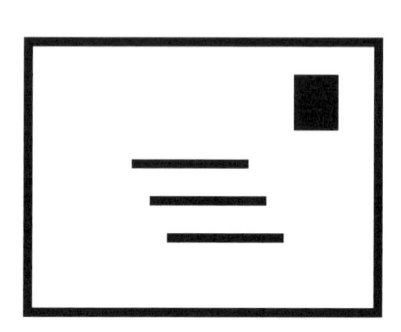

lesson 22
否定語 ... so 原級 as 〜

問題

下線部を訳しなさい。

When he walked, he moved stiffly, with his arms pressed against his sides, looking like nothing so much as an animated pair of scissors.

　not so much A as B (A というよりはむしろ B) や not so much as V (V することさえしない) といった idiom を思い浮かべて、nothing so much as 〜 という idiom があるのではないかと考えた人もいるかもしれません。しかし、その発想では、下線部は理解できません。

　これは「原級を使って最上級の意味を表わす構文」なのです。〈as / so 原級 as 〜〉の前に〈no + 名詞〉を置くと「〜がもっとも…だ」という最上級の意味を表わすのが原則です(例外はレッスン 29 でお話しします)。

　たとえば、次の文を見てください。

Nothing hastens the process of social change so much as war.

　レッスン 2 で次のような話しをしました。

　「no + 名詞には 2 通りの読み方があるが、圧倒的に多くは、

否定語 ... so 原級 as 〜

no を not と any に分解して、not を動詞、any を名詞にかけて『どんな名詞も V しない』というように否定文で読む読み方をする」

　この読み方で上の文を読むと「どんなものも、戦争と同じほど、それほど社会変化の過程を速めることはしない」となります。これは「戦争は社会変化の過程をもっとも速める要因である」という最上級の意味を表わします。much は程度を表わす副詞で、so much as war は「戦争と同じくらいの程度に」という意味です。

　それでは、最初の問題を考えてみましょう。look like 〜 は「〜のように見える」という意味ですから、He looks like his brother. は「彼はお兄さんのように見える」→「お兄さんに似ている」と訳すことができます。そこで、his brother の代わりに nothing を置くと、

He looks like nothing.
→ He does not look like anything.
「彼はどんなものにも似ていない」

となります。これに so much as 〜 をつけると、

He looks like nothing so much as 〜.
→ He does not look like anything so much as 〜.
「彼はどんなものにも、〜と同じほど、それほど似てはいない」

となります。これは「彼はあらゆるものの中で〜にもっともよく似ている」→「彼は〜にそっくりである」という意味です。これを分詞構文に変えて、主文につけたのが最初の英文なのです。

　なお、an animated pair of scissors は「生命を与えられたは

さみ」→「歩くはさみ」という意味になります。
　全体の訳は「彼は歩くとき、両腕をわきにぴったりつけて、ぎくしゃくした歩き方をした。その様子ははさみが歩いているようにしか見えなかった」となります。

lesson 23
関係代名詞 it is . . . to —

> **問題**
>
> 空所に適切な関係詞を入れなさい。
>
> (　　) it is in the power of human nature to do, I will do.

　答え以前に、文全体の構成がまったくわからない人がいるかもしれません。そこで、初めから解説しましょう。次の文を見てください。

To do the job is in his power.
「その仕事をすることは彼の力の中にある」

　これは「その仕事をすることは彼の能力の範囲内にある(＝能力の限界を超えていない)」ということで、結局「彼はその仕事をできる」という意味です。この英文を仮主語を使って書き換えると、

It is in his power to do the job.

となります。
　ここで to do の目的語である the job を複合関係代名詞の whatever に置き換えると、文全体は名詞節になります。具体的にいうと whatever it is in his power to do です。これは「それをする

ことが彼の能力の範囲内にあるような、そういうことなら何でも」→「彼の能力でできることなら何でも」という意味です。そこで、この名詞節を使って次のような英文を作ることができます。

He will do whatever it is in his power to do.
「彼は、自分の能力でできることなら何でもやるつもりだ」
→「彼は全力を尽くすつもりだ」

ところで、関係代名詞の what は文脈に支えられれば whatever の意味を表わすことができます。たとえば、

You may do what you please.
「君は好きなことは何でもしていい」

のような場合です。そこで、この場合も whatever の代わりに what を使って、

He will do what it is in his power to do.

としても意味は変わりません。この文は全体として SVO ですが、これを OSV の倒置形にすると、

What it is in his power to do, he will do.

となります。これが最初の英文の成り立ちなのです。正解は what または whatever です。

なお、human nature はここでは「人間の性質＝人間性」ではなく「人間」という意味です。文全体は「私は、人間の力でできることなら何でもやるつもりです」→「私は全力を尽くしま

す」という意味です。これと同じ構文を使った英文をもうひとつ紹介しましょう。

In an old man who has known joys and sorrows, and has achieved whatever work it was in him to do, the fear of death is somewhat abject and ignoble.

---

whatever work it was in him to do は名詞節で has achieved の目的語になっています。節内で whatever は形容詞として work を修飾しています(したがって、この whatever は複合関係形容詞です)。work は to do の目的語です。it は仮主語、to do が真主語です。

全体の意味は「人間の喜びも悲しみも知り、自分にできることはすべて果たし終えた老人の場合には、死を恐れるのはいくぶん卑しむべき恥ずかしいことである」となります。

lesson 24
have + O + 原形

今回は〈have + O + 原形〉を詳しく勉強しましょう。
〈have + O + 原形〉のOに注目すると、

- (1) Oが人間の場合
- (2) Oが物・事の場合

の2つがあります。そして、Sに注目すると、それぞれにおいて、

- (a) Sが有意志の場合
- (b) Sが無意志の場合

の2つがあります。
したがって、細かく分けると〈have + O + 原形〉には4タイプあることになります。1つずつ見ていきましょう。

【type 1】 Sが有意志で、Oが人間の場合
I had my secretary type the letter.
I had my brother help me with my home work.

上の文はどちらも、主語のIは〈O + 原形〉(Oが原形する)に対して、それを望む気持ちがあります。これが「Sが有意志の場合」です。さらに、上の文はどちらもOが人間です。こうい

うときはSとOの力関係に応じて「**Oに原形させる**」または「**Oに原形してもらう**」のどちらかで訳します。「私は秘書にその手紙をタイプさせた」「私は兄に宿題を手伝ってもらった」となります。

【type 2】　Sが無意志で、Oが人間の場合
I don't like to have them stare at me.

　この文では、主語のIは〈O＋原形〉（Oが原形する）に対して、それを望む気持ちがありません。これが「Sが無意志の場合」です。さらに、この文はOが人間です。こういうときは「**Oに原形される**」と訳します。「私は彼らにじろじろ見つめられるのを好まない」の意味です。

【type 3】　Sが有意志で、Oが物・事の場合
She liked to have the house look clean and tidy.

　この文では、主語のSheは〈O＋原形〉（Oが原形する）に対して、それを望む気持ちがあります。つまり、「有意志」です。さらに、この文はOが物です。こういうときは「**物・事が原形する状態を主語が積極的に生み出す**」という意味になります。文の訳は「彼女は、家が清潔で整って見えるようにしておくのが好きであった」となります。

【type 4】　Sが無意志で、Oが物・事の場合
I had an unpleasant thing happen to me.

この文では、主語のIは〈O＋原形〉(Oが原形する)に対して、それを望む気持ちがありません (＝「無意志」です)。さらに、この文はOが事柄です。こういうときは「**主語に対して物・事が勝手に原形する**」という意味です。例文は「私に不愉快なことが起こった」と訳せます。

　参考書には、〈have＋O＋原形〉は「される」「させる」「してもらう」のどれかで訳せと書いてありますが、以上の例から明らかなように、それは目的語が人間の場合に限られるのです。目的語が物・事の場合は「主語が有意志か無意志か」を考えて訳文を工夫しなければなりません。

lesson

25
have + O + 過去分詞

　前回のレッスンでは〈have + O + 原形〉の形を見ましたが、今回は〈have + O + 過去分詞〉を詳しく勉強しましょう。

　まず、前回と同じように場合分けを考えます。

　〈have + O + 過去分詞〉は「直接実行者が S 以外の人の場合」と「直接実行者が S 自身の場合」があります。そして、前者には「S が有意志の場合」と「S が無意志の場合」がありますが、後者には「S が有意志の場合」しかありません。

　したがって、〈have + O + 過去分詞〉を細かく分けると、3 タイプあることになります。

【type 1】　直接実行者が S 以外の人で、S が有意志の場合
I had my baggage carried by the porter.
She had her piano tuned yesterday.

　上の文はどちらも、O に直接手を下して p.p.(= 過去分詞)の状態にする人(これを「直接実行者」と呼びます)が主語ではなく別の人です。そして主語は〈O + p.p.〉(O が p.p. される)に対して、それを望む気持ちがあります。つまり、S が「有意志」です。こういうときは S と直接実行者の力関係に応じて「**O を p.p. させる**」または「**O を p.p. してもらう**」のどちらかで訳します。意味は「私は赤帽に荷物を運ばせた」「彼女は昨日ピアノを調律してもらった」となります。

【type 2】 直接実行者がS以外の人で、Sが無意志の場合
He had his wallet stolen on the train.

　この文は、type 1と同様に、直接実行者(=彼の財布を盗んだ人)は主語以外の人です。しかし、type 1と異なり、主語には〈O + p.p.〉(=財布が盗まれること)に対して、それを望む気持ちがありません。つまり、Sが「無意志」です。こういうときは「**O を p.p. される**」と訳します。「私は列車の中で財布を盗まれた」という意味です。

【type 3】 直接実行者がS自身で、Sが有意志の場合
Since he was going to graduate soon, the student was anxious to have a position secured as soon as possible.

　この文は、直接実行者は主語自身です(普通の学生は、自分の就職先を誰か他人に確保してもらう、というようなだらしないことはしません)。そして、主語は〈O + p.p.〉に対して、有意志です(意識的に努力して確保するのです)。こういうときは「**完了」の意味**(=**SがOをp.p.してしまう**)になります。文の訳は「その学生は、もうじき卒業することになっていたので、できるだけ早く就職先を確保しておきたいと切望していた」となります。

　参考書には、〈have + O + 過去分詞〉は「される」「させる」「してもらう」のどれかで訳せと書いてありますが、上の例から明らかなように、それは直接実行者がS以外の人の場合に限られるのです。

　〈have + O + 過去分詞〉は直接実行者がS自身の場合があり、その場合は「完了」の意味になることを覚えておいてください。

lesson 26
did you say と疑問詞

　次の英文和訳問題を解いてみてください。3つの文の違いがわかるでしょうか。

問　題

　次の英文を訳しなさい。

1. Did you say what made her weep?
2. What did you say made her weep?
3. What did you say that made her weep?

　What made her weep? は「何が彼女を泣かせたのか？」という疑問文です。この疑問文に対する答え(=彼女を泣かせた原因)を知っているときは、

I know what made her weep.
「私は、何が彼女を泣かせたか知っている」

と言うことができます。この文の I know のところに Did you say を置いたのが 1. の文です。したがって 1. は「**あなたは、何が彼女を泣かせたか言いましたか？**(=あなたは、彼女を泣かせた原因を言いましたか？)」という意味です。この疑問文に対しては当然 Yes か No で答えることになります。「はい、言いました」「いいえ、言いませんでした」のようになります。

2. は相手が X made her weep.（X が彼女を泣かせた）と述べたことを前提にして、X の部分がわからないので（たとえば、聞き取れなかったので）、「あなたは X のところを何と言ったのですか？」と聞いているのです。そのために、まず、

You said that X made her weep.
「あなたは、X が彼女を泣かせた、と言った」

という文を作り、X のところがわからないので、これを疑問詞の what に変えます。すると、

---

*You said that what made her weep.

になります。

次に what を文頭に移動させ、You said を疑問文の語順に変え、文末にクエスチョン・マークをつけます。すると、

---

*What did you say that made her weep?

になります。しかし、このままでは 3. と同じになってしまうので、従属接続詞の that を取ります。すると 2. の文になるのです。したがって 2. は「（ある事が彼女を泣かせた、とあなたは言ったようですが）**何が彼女を泣かせたとあなたは言ったのですか？**」という意味です。この疑問文に対しては当然 Yes か No ではなく、What の中身を答えることになります。たとえば、「『愛犬の死が彼女を泣かせた』と言ったんですが、聞き取れませんでしたか？」のようになります。

以上の説明から明らかなように、1. の文の say の目的語は what が作る名詞節（＝間接疑問文）ですが、2. の文の say の目的語は What が作る名詞節ではなく、従属接続詞の that が作る名

詞節なのです(ただし、that は省略されています)。

3. は that が関係代名詞で that made her weep が形容詞節になり、先行詞の What を修飾しています。先行詞が疑問詞のときは、関係代名詞は that を使うというルールがあるのです。say の目的語は What です。文全体は「(ある事をあなたが言い、それを聞いて、彼女が泣いたようですが)**彼女を泣かせる何をあなたは言ったのですか?**」という意味です。当然、答えは「『そのイヤリングはあまり似合わないね』と言ったら泣き出しちゃったんだよ」のようになるわけです。

なお、1. と 2. は made を had made にすると時間の前後関係がより明瞭になります。しかし、時間差があまりないときは made でもさしつかえありません。

この3つはたわいもない英文ですが、こんな英文でもそれがきっかけになって構文の世界に目が向くようになると、一段と読みの正確さが増すと思います。

lesson 27
one か that か？ その1

みなさんは、次の英文のthatがどういう役割をしているか正確にわかりますか。

The room was similar to that which I stayed in.

この that は指示代名詞で the room の代わりです。つまり、that which I stayed in は the room which I stayed in のことなのです。文全体は「その部屋は私が泊まっている部屋に似ていた」という意味です。今回はこのように〈the 名詞〉の代わりに使われる代名詞について勉強しましょう。

〈the 名詞〉と書きたいとき、その名詞と同じ名詞が前に1度出ているときは、それを代名詞で書くことができます。その場合どういう代名詞を使うかは、次の判断基準に従います。

(1) その名詞が前出の名詞そのものであるときは、it や they にする。
(2) その名詞が前出の名詞そのものではなく、同種類のもののときは the one や the ones、または that や those にする。ただし、その名詞が人間のときは that は使えない。また、その名詞が of 〜 で修飾されているときは that of 〜 や those of 〜 にしなければいけない。

one か that か？ その1

このことをふまえて、次の文を見てください。

He took a book and gave the book to me.

the book は前に出ている a book そのものを指しています。そこで、普通は it を使って、

He took a book and gave it to me.

とします。次の文はどうでしょうか。

I have a pair of shoes. He wants the shoes

the shoes は前に出ている a pair of shoes そのものを指しています。そこで、普通は them を使って He wants them. と言います。

The girl I saw was younger than the girl you were dancing with.
「私が見た女の子は、君が一緒に踊っていた女の子より年下だった」

後ろの the girl は前の the girl そのものではありません（＝別の女の子です）。そこで、普通は the one を使って（人間なので that は使えません。ただし the girls なら the ones と those のどちらでも使えます）、

The girl I saw was younger than the one you were dancing with.

と言います。

最初に出した文は中身が人間ではないので the one I stayed in と that which I stayed in のどちらも可能です。ただし、that which I stayed in は文語体です。また、この場合は which を省略することはできません (the one のときは which を省略できます)。

　次の文はどうでしょうか。

The symptoms of the disease seemed a good deal like the symptoms of polio.

「その病気の症状は小児麻痺の症状に大変似ているように見えた」

　後ろの the symptoms は前の the symptoms そのものではありません (the disease ≠ polio だからです)。そこで、those を使って、

The symptoms of the disease seemed a good deal like those of polio.

となります (of 〜 で修飾されているので the ones は使えません)。

　今回は〈the 名詞〉について見ましたが、次のレッスンでは〈a 名詞〉について考えましょう。

lesson 28
one か that か? その2

問題

空所に入れるのに適当な語句を選びなさい。

This was not the sort of reception he had anticipated, nor was (   ) he was prepared to tolerate.

a. one it **b.** it one **c.** it that **d.** that it

〈a 名詞〉と書きたいとき、その名詞と同じ名詞が前に1度出ている場合は、それを one で表わすことができます。ただし、その名詞に形容詞がついているときは〈a 形容詞 one〉にします。また、その名詞が総称のときは it にします。

〈無冠詞 複数名詞〉と書きたいとき、その名詞と同じ名詞が前に1度出ている場合は、それを some で表わすことができます。ただし、その名詞に形容詞がついている場合は〈形容詞 ones〉にします。次の文を見てください。

I don't have a pen. Can you lend me one?

one は a pen の代わりです。次はどうでしょうか。

My car is a very old one.

a very old one は a very old car の代わりです。

"What is a lion like?" "It is like a very large cat."
「ライオンはどんな動物ですか」「とても大きな猫のような動物です」

It は A lion の代わりです。総称(「ライオンという動物」の意味)なので one は使えず、it にします。

If you want a pencil, there are some on the desk.

some は pencils の代わりです。

"Do you have a car?" "Yes, I have two good ones."

two good ones は two good cars の代わりです。

それでは、最初の問題を考えてみましょう。

文全体は「これは彼が予想していたような待遇ではなかったし、また平気で我慢できる待遇でもなかった」の意味になると考えられます。すると nor の後ろは was it a reception he was prepared to tolerate か was it the reception he was prepared to tolerate のどちらかです。nor は「and と not と either を 1 語にした等位接続詞」です。したがって nor の後ろに S + V を置くときは、文頭に not を置いたのと同じことになり、疑問文と同じ語順にしなければなりません。ですから nor was it という語順になるのです。

その後ろの reception は前に一度 reception が出ているので、a reception なら one になり、the reception なら the one になります(the reception の場合は that も考えられるのですが、その場合には関係代名詞を省略できず、that which he was prepared to tolerate に

しなければなりません。この事情は前のレッスンを参照してください)。

したがって、答えは it one か it the one のどちらかです。選択肢には it the one がないので、正解は it one です。

ところで、仮に選択肢に it the one があったとしたらどうなるでしょうか。ついでに、考えてみましょう。

先行詞が数えられる名詞の単数形の場合、それに the がつくか、a がつくかは原則として次の基準にしたがいます。

（1） 先行詞について、聞き手が「それは1つしか存在しない」と思うはずだと話者が判断したときは、**the** をつける。

（2） 先行詞について、聞き手が「それはあの特定のやつだ」と思うはずだと話者が判断したときは、**the** をつける。

（3） その他のときは、**a** をつける。

たとえば、「私が読もうとしている詩」と言えば相手はきっと「ああ、あの詩だ」とわかるはずだ、と話者が判断すれば、

the poem which I am going to read

となります。

それに対し、「私が読もうとしている詩」と言っても相手は何のことかわからず「それで？」と思うだろう、と話者が判断すれば、

a poem which I am going to read

となります。

「彼が平気で我慢できる待遇」もこれと同じで、聞き手が「あ

あ、あの待遇のことか」とわかる状況なら、話し手は、

the reception he was prepared to tolerate

と言うでしょうし、聞き手がどの待遇か特定できない状況なら、話し手は、

a reception he was prepared to tolerate

と言うでしょう(私は、問題文ではこちらの状況のほうが普通だと思います)。

　したがって、選択肢の中に it one と it the one の両方が入っていると、答は1つに決まらないのです。そこで、この問題は選択肢に it the one を入れていないのです。

lesson 29
as + 原級形容詞 + 名詞 + as

　AとBという2つの名詞があり、「A」を〈as + 原級形容詞 + as + B〉で修飾したいとき(=「Bと同じくらい原級形容詞なA」と言いたいとき)は次の2つの形があります。

（1）　**as + 原級形容詞 + A + as B**
（2）　**A + as + 原級形容詞 + as B**

　BがAの範疇(はんちゅう)の中に含まれているときは（1）と（2）どちらの表現も可能です。それに対し、BがAの範疇の中に含まれていないときは（2）にしなければなりません。たとえば、次の2つの文を見てください。

1.　I have never seen as good an actor as Dustin Hoffman.

2.　*I have never seen as good an actor as Nicole Kidman.

　ダスティン・ホフマンはactor (男優)の範疇に含まれるので、1.は正しい英文です。「私はダスティン・ホフマンほどいい男優を見たことがない」という意味です。この文は、

I have never seen an actor as good as Dustin Hoffman.

と言うこともできます。
　それに対し、Nicole Kidmanは女性ですからactorの範疇に

含まれません (Nicole Kidman は actress = 女優です)。したがって、2. は誤文です。正しくは次のように言わなければなりません。

I have never seen an actor as good as Nicole Kidman.
「私はニコール・キッドマンに匹敵するようないい男優は見たことがない」

ところが、次のような表現に出会うことがあります。

I've never met as intelligent a monkey as my boss.

これは「私は、ボスのような知的猿には会ったことがない」という意味です(例文は *A Comprehensive Grammar of the English Language* から引用しました)。この言い方は、自分の上司を猿の範疇に入れているわけですから、非常に侮蔑的な表現です。

ところで、〈as + 原級形容詞 + A + as B〉と〈(B が A の範疇の中に含まれているときの) A + as + 原級形容詞 + as B〉は、表わしている事柄に着目すると、次の 3 つのタイプがあります。

【Type 1】　**A** が、**B** そのものを指している。
【Type 2】　**A** が、**B** を含んだ、**B** と同程度に原級形容詞な名詞を指している。
【Type 3】　**A** が、**B** 以外の、**B** と同程度に原級形容詞な名詞を指している。

たとえば、1. の文は Type 3 です。as good an actor as Dustin Hoffman (ダスティン・ホフマンほどいい男優)というのは「ダスティン・ホフマン以外の、ダスティン・ホフマンと同程度にいい男優」という意味です。それでは、次の 2 つの文を検討して

ください。

---

3. In a country so large as America, there must be a great variety of climate.

4. In as excellent an early tragedy as *Romeo and Juliet*, the hero fights more with outside obstacles than with himself.

---

3. は Type 1 です。a country so large as America（アメリカほど、それほど大きな国）というのはアメリカそのものを指しています。「アメリカのように大きな国には、非常に多種多様な気候があるに違いない」という意味です。so large as America の so は as と言っても同じです。

4. は Type 2 です。as excellent an early tragedy as *Romeo and Juliet*（「ロメオとジュリエット」と同じくらい優れた初期の悲劇）というのは「ロメオとジュリエット」と同程度に優れた初期の悲劇一般を指していて、もちろん「ロメオとジュリエット」も含んでいます。「『ロメオとジュリエット』のような優れた初期の悲劇においては、主人公は自分自身と戦うよりはむしろ外的障害と戦うのだ」という意味です。

それでは、最後に次の英文を読んでみてください。

No human society overlooks so obvious a biological contrast as that between male and female.

〈as 原級 as 〜〉や〈so 原級 as 〜〉の前に〈no + 名詞〉があるときは最上級の意味を表わすことが非常に多いので、この文もそのように考えた人がいると思います。しかし、最上級の意

味を表わすのは、〜に〈no＋名詞〉に対応する名詞が来ている場合です(レッスン 22 を参照してください)。たとえば、次の文を見てください。

No country suffered as much as China.
「どんな国も中国ほど多くの辛酸はなめなかった」
→「中国はもっとも多くの辛酸をなめた国だ」

この文は No country と China が対応しているので最上級の意味を表わすのです。上の文では、〈so＋原級＋as〉の後ろに来ている that between male and female は「男女の間の生物学的差異」という意味で、that は the biological contrast を指しています。No human society と that (＝ the biological contrast) は対応していません。ですから、この文は最上級の意味は表わさないのです。直訳すると「どんな人間社会も、男女間の生物学的差異と同じほど、それほど明白な生物学的差異は見落とさない」となります。

ここで、so obvious a biological contrast as that between male and female が表わしている事柄を考えてみると、これは Type 1 です。つまり、so obvious a biological contrast as that between male and female はまさしく that (＝ the biological contrast) between male and female そのものを指しているのです。そこで、

「男女間にあるような、それほど明白な生物学的差異を見落としている人間社会はない」
　→「どんな人間社会も男女間の生物学的差異は認識している」

という意味になります。

lesson 30
in case

次の3つの英文を比べてください。

1. What shall we do in case it rains?
2. Take an umbrella with you in case it rains.
3. Take a taxi in case it rains.

　in case は前置詞＋名詞ですが、後ろに S + V が続くときは1つの従属接続詞として扱われます。つまり、in case S + V の全体が副詞節になります。
　この副詞節は次の2つの意味を表わします。

〈主節 in case S + V〉の意味
(**1**)　「もし S が V するなら、(その後で)主節」
(**2**)　「S が V するといけないので、(その前に)主節」
　　　　「S が V する場合に備えて、(その前に)主節」
---

　(1)と(2)は主節と S + V の時間的前後関係が逆です。
　(1)は「S + V → 主節」の順番で、主節が S + V に対する「事後の対応」を表わしています。この場合の in case S + V は if S + V で書き換えることができます。
　(2)は「主節 → S + V」の順番で、主節が S + V に対する「事前の対応」を表わしています。この場合の in case S + V は if S + V で書き換えることができません。書き換えるとしたら

for fear S + V です。

1. は「もし雨が降ったら、どうしましょう?」という意味で、主節は「事後の対応」を表わしています。

2. は「雨が降るといけないから、傘を持っていきなさい」という意味で、主節は「事前の対応」を表わしています。

3. は状況によってどちらの意味もありえます。普通は「事後の対応」で「もし雨が降ったら、タクシーに乗りなさい」ですが、成人式に晴れ着を着て出かけようとする娘に母親が述べたのであれば「事前の対応」で「雨が降るといけないので、タクシーに乗りなさい」という意味になるでしょう。

それでは、最後に次の問題を解いてみましょう。

問 題

空所に入れるのに適切な語句を選びなさい。

1. I gave him a spare key (　　) he comes home earlier than I.

　a. so that　**b.** in case　**c.** unless　**d.** if

2. Take some extra money (　　) something good turns up.

　a. for perhaps　**b.** in case　**c.** if not

まず1.を考えてみましょう。鍵を渡したのは、彼のほうが先に帰宅する場合に備えてのことですから「事前の対応」です。そこで if ではなく in case を選びます。「彼が私より先に帰宅するといけないので、彼に予備の鍵を渡した」という意味です。

主節が過去形なのに、in caseの節内は現在形です。これは「彼が先に帰宅する」のが、この日(＝鍵を渡した日)に限って起こる可能性があることではなく、今後も起こる可能性があるからです。

2. も in case を選んで「何か良いことが起こる場合に備えて、余分なお金をとっておきなさい」という意味にします。

lesson 31
進行形の倒置

> **問題**
>
> 意味が正しく通じるように、カッコ内の語を適切な形に変えなさい。
>
> **An atom may be considered as (make) up of a central nucleus, and (revolve) around it are electrons.**

　and の前は consider O as C（O を C と考える）という表現を受身形にして、S is considered as C（S が C と考えられる）にしたものです。第5文型の O と C のあいだには「意味上の主語・述語関係」があります。この「意味上の主語・述語関係」は受身の文になると S と C のあいだに移ります。したがって、問題文は An atom と（make）up of a central nucleus のあいだに「意味上の主語・述語関係」があることになります。これは「原子は中心にある原子核で作られている」という「受身」の関係です。つまり、答えは過去分詞形の made か、または「受身形の現在分詞」である being made になります。

　それでは、and の後を考えてみましょう。are は現在形ですから必ず述語動詞です。述語動詞には必ず主語が必要です。are は複数動詞ですから主語は複数名詞でなければなりません。動詞である revolve を主語にするとしたら、不定詞（= to revolve）か動名詞（= revolving）のどちらかですが、不定詞と動名詞はどちらも三人称・単数として扱われますから、are の主語にはなれ

進行形の倒置

ません。

　そう考えると、are の主語になれるのは electrons しかありません。つまり、and の後ろは electrons are (revolve) around it が倒置していることになります。すると、考えられるのは受身形 (= are revolved) か進行形 (= are revolving) か助動詞 be to (= are to revolve) のどれかです。このうち倒置が可能なのは受身形 (=回転させられている) と進行形 (=回転している) です。意味が通るのは進行形です。したがって revolving が正解です。... revolving around it are electrons は「進行形の倒置」です。

　文全体は「原子は中心にある原子核で出来ていると考えられ、原子核の回りを回っているのが電子である」という意味になります。

　このように**進行形が倒置すると〈-ing be S〉という形になります**。この場合 be が is や was だと、文頭の -ing を動名詞で主語だと勘違いして「―することは〜である」と訳すことがあるので注意が必要です。**「進行形の倒置」の場合の訳は「―しているのは〜である」**です。

　進行形の倒置は、-ing の後ろに続く名詞が前文に出ている場合に、文と文のつながりをよくする (=唐突感をなくして、読みやすくする) ために起こる現象です。上の問題文では revolving に続く around it の it (= a central nucleus) が前に出ているので、倒置したほうがつながりがよくなって、読みやすいのです。次の文も参考にしてください。

Supporting this idea is the following fact.
「この考えを裏づけているのは次の事実である」

lesson 32
主語の扱いをうける there

> **問 題**
>
> 次の文を、与えられた書き出しで書き換えなさい。
>
> **I do not want any disturbance to occur.**
>
> = I don't want there _____.

問題に入る前に、次の文を見てください。

There is an emergency exit nearby.
「近くに非常口がある」

この文の主語は an emergency exit で、述語動詞は is です。文頭の **There** は「誘導の副詞」といって、述語動詞を主語の前に引き出す(=誘導する)働きをしています。ところが、この **There** はいろいろな局面であたかも主語であるかのような扱いをうけます。

たとえば、この文を疑問文にするときは is を There の前に出して、

Is there an emergency exit nearby?

とします。述語動詞が be 動詞のときは、主語の前に be を出すのが疑問文の作り方ですから、there を主語として扱っているこ

とになります。

　また、この文の is を不定詞に変えると for an emergency exit to be nearby とはならず、for there to be an emergency exit nearby となります。これは there が不定詞の「意味上の主語」として扱われているのです。そこで、これを使って次のような文を作ることができます。

It is important for there to be an emergency exit nearby.
「近くに非常口があることが大事だ」

　また、この文の is を動名詞や現在分詞に変えると、there being an emergency exit nearby となります。being の前に there が置かれているのは、there が being (＝動名詞または現在分詞)の「意味上の主語」として扱われているからです。そこで、これを使って次のような文を作ることができます。

I'm sure of there being an emergency exit nearby.
「私はきっと近くに非常口があると思う」

There being an emergency exit nearby, he decided to take the seat.
「近くに非常口があったので、彼はその席に座ることに決めた」

　ところで、ある文を第 5 文型 (SVOC) の O と C のところにはめ込むときは主語を O の位置に置き、述語動詞を準動詞(＝不定詞・分詞・動名詞)に変えて C の位置に置きます。たとえば、

You read this letter.

を want が作る第 5 文型の O と C のところにはめ込むと、

I want you to read this letter.

となります。そこで、There is .... を第5文型（SVOC）のOとCのところにはめ込むときは、主語の扱いをうける there をOの位置に置き、is を準動詞（この場合は不定詞）に変えてCの位置に置きます。その結果、

I don't want there to be any exit nearby.
「私は近くに出口があるのを望まない」

のような文ができます。最初の書き換え問題はこれを聞いているのです。答えは、次のようになります。

I don't want there to be any disturbance.
「私が騒ぎが起こるのを望まない」

なお、*I don't want there to occur any disturbance. にした人もいると思いますが、これは誤りです。この表現は There is 構文を第5文型のOとCにはめ込むときにだけ生じるので、必ず〈S + V there to be 名詞〉という形になるからです。

もうひとつやってみましょう。

📄 **問 題**

空所に適当な語句を入れなさい。

これについては、何の議論もあるまい。
I expect there to be (　　) argument about this.

最初の問題と同じように考えてください。答えは no です。

lesson 33
疑問詞を強調する構文

> **問題**
>
> 空所に入れるのに適当なものを選びなさい。
>
> (　　) was it that said, "To be, or not to be"?
>
> a. Whom　b. Which　c. Who　d. Whose

　最後にクエスチョンマークがあるので、選択肢はどれも疑問詞だとわかります。すると、この英文は〈疑問詞 was it that ...?〉という形になります。これは、疑問詞を強調する強調構文の形です。

　強調構文は It is と that を取って、残った部分だけで完全な英文が成立するのが条件です。〈疑問詞 was it that ...?〉から was it that を取って〈疑問詞 ...?〉だけで英文が成立しなければいけません。

　すると、空所に入るのは said の主語になる疑問詞です。答えは Who です。文全体は「『生きるべきか、死ぬべきか』と言ったのは誰でしたっけ?」という意味です。

　なお、To be, or not to be は「ハムレット」の有名な文句、

To be, or not to be: that is the question.
「生きるべきか、死ぬべきか、それが問題だ」

の前半部分です。

強調構文は「主語・動詞の目的語・前置詞の目的語・副詞要素」のどれかを It is と that ではさんで強調する表現です（補語は強調できません）。ところが、強調される語が疑問詞のときは、It is と that ではさまず、疑問詞を先頭に出して、その後ろに is it that を置くことになっています。it is that ではなく、is it that にするのは、疑問文の語順にするからです。したがって、**疑問詞を強調する構文は〈疑問詞 is it that . . . ?〉という形になる**わけです。

　ところで、**強調構文は強調したい語を It is と that ではさむと言いましたが、実際には、that を省略することがよくあります。**すると〈It is 被強調語 . . . .〉という形になります。被強調語が疑問詞だと〈疑問詞 is it . . . ?〉となるわけです。上の問題文も、

Who was it said, "To be, or not to be"?

となることもありうるわけです。それでは、最後に次の問題に挑戦してください。

> **問　題**
>
> 　下線部を間接話法に書き換えなさい。
>
> **One night, instead of singing the words, he merely hummed the tune, and <u>asked his son, "What is it I am humming?"</u>**

　引用符号ではさまれた What is it I am humming? は、

What is it that I am humming?

疑問詞を強調する構文

という文から that が省略された形で、疑問代名詞の What を強調している強調構文です。

これを間接話法にするためには、この疑問文を名詞節(＝間接疑問文)にして、asked の目的語にしなければなりません。そのためには次の3点に気を配る必要があります。

> **（1） 語順**
> 疑問文の語順を平叙文の語順にしないと、名詞節にはなりません。
> **（2） 時制**
> 時制の一致によって、現在形が過去形に変わります。
> **（3） 人称代名詞**
> 書き手の視点から見ると、I は he に変わります。

すると、答えは次のようになります。

asked his son what it was he was humming.

英文全体の意味は「ある晩、彼は歌詞を歌わずにメロディーだけをハミングして、『パパがハミングしているのは何の曲だい』と坊やに聞いた」となります。解けましたか。

lesson 34
文頭の As for、As to、As with

次の3つの文を比べてみましょう。

1. As for the stolen jewels, they were found in a garbage.
2. As to controlling a horse, there is nothing to it.
3. As with all illnesses, prevention is better than cure.

as for と as to はそれぞれ1つの前置詞として使われる場合があります。前置詞の as for は必ず文頭に置き〈**As for ～, S + V**〉という形で使います。この表現は、AとBという2つの名詞があるとき、まず「Aは～だ」と述べ、次にそれと対照して「**Bはどうかというと、～だ**」と述べる場合に使います。たとえば、1.の文は次のような文脈で使われます。

The thief was caught by the police almost immediately. As for the stolen jewels, they were found in a garbage can.
「泥棒はすぐに警察につかまった。盗まれた宝石はどうかというと、ごみ箱の中から発見された」

前置詞の as to は「～に関して」という意味で、文頭・文中・文末のどこでも使います。ただし、as to を文頭に置くときは使い方が制限されます。〈**As to ～, S + V**〉は、ある事柄を話題にしていたとき、その事柄のある一点をとりあげて「～に

関しては、…だ」と述べる場合に使います。たとえば、2.の文は次のような文脈で使われるのです。

Horse riding will take you no time at all to learn. As to controling a horse, there is nothing to it. Just make up your mind what you want to do and see to it that the horse does it.

「乗馬は習うのに少しも時間がかからない。馬の制御に関していえば、難しいことは何もない。ただ自分が何をやりたいのかを決めて、馬がそれをやるようにさせればいいだけだ」

これは、まず「乗馬」を話題にして、次に乗馬の中の「馬の制御」という一点を取り上げて付言しているのです。

文頭に as with を置いた〈**As with ～, S + V**〉という形は「**～の場合と同様に、S + V**」という意味を表わします。この場合のAsは普通の従属接続詞で「(SがVする)ように」という意味です。Asとwithのあいだに S + V が省略されていて「～に関して S + V である。それと同様に(この場合も) S + V である」という内容を表わします。3.は「ストレスによる心身の不調」をテーマにした文章の一節で、次のようにつながります。

As with all illnesses, prevention is better than cure. A very common danger signal is the inability to relax. Then it's time to join a relaxation class, or take up something like dancing, painting or gardening.

「すべての病気の場合と同様に、この場合も予防は治療に勝ります。危険を知らせるごく普通の合図は、リラックスできなくなることです。そういうときには、緊張をほぐすための教室に参加したり、ダンスや絵を描くこと、庭いじりなどを始めるべきなのです」

lesson 35
過去における可能性

　助動詞の can には能力(〜できる)と可能性(〜する可能性がある)の2つの意味があります。そして「(現在)〜できる」「(現在)〜する可能性がある」と言いたいときは、どちらも形は〈can 原形〉です。ところが、これが過去になると「能力＝(過去において)〜できた」は〈could 原形〉ですが、可能性は2つの形があります。「(過去において)〜する可能性があった」は〈could 原形〉で「(過去において)〜した可能性がある」は〈can have p.p.〉です。このレッスンでは、この2つの「過去における可能性」の違いを考えてみましょう。

　「主語は、過去において、原則としてAだったが、時にはBのこともあった」という場合があります。これを「**主語は(過去において)Bする可能性があった＝Bすることがありえた**」と表現することができます。これが「could 原形」で「過去における可能性」を表わす場合です。この場合は「主語が実際にBをしたことは、はっきりわかっている」わけです。たとえば、次の文を見てください。

In those days, a transatlantic voyage could be dangerous.
　「当時は、大西洋横断航海は危険になることもありえた」

　これは「当時、大西洋横断航海は原則として安全だったが、時として危険になることもあった」という意味で、In those days, a transatlantic voyage was sometimes dangerous. と言って

過去における可能性

も同じです。

He could be very unreasonable as a child.
「彼は、子供のころ、駄々をこねることがあった」

これは「子供のころ、彼は原則として聞き分けのよい子だったが、ときどき駄々をこねることがあった」という意味で、He was sometimes very unreasonable as a child. と言っても同じです。

「はっきりはわからないが、主語は過去において〜した可能性がある」という場合、これを**「主語は(過去において)〜した可能性がある＝〜したことがありうる」**と表現することができます。これが〈can have p.p.〉です。この場合は「主語が実際に〜したかどうか、はっきりはわからない」わけですから「過去に対する推量」ということもできます。〈can have p.p.〉は疑問文か否定文で使うのが普通です。たとえば、次の文を見てください。

Can it have been true?

これは「(はっきりはわかりませんが)それが本当だった可能性はあるのでしょうか？(私にはとても可能性がありそうには思えませんが)」という意味で、普通は「いったいそれは本当だったのでしょうか」と訳します。

The woman you saw last night can't have been Sue.

これは「(はっきりはわかりませんが)君が昨日見た女はスーだった可能性はない(と思います)」という意味で、普通は「君が昨日見た女はスーだったはずはない」と訳します。

「過去における可能性」を表わす2つの表現は、頭の中で整理しづらいので、コツをお話ししましょう。それは、英語の表現と日本語の表現を対応させて覚えるやり方です。can は現在形なので「可能性がある」と現在形の日本語でとらえ、could は過去形なので「可能性があった」と過去形の日本語でとらえます。次に「原形」は「～する」と現在形の日本語でとらえ、〈have p.p.〉は「～した」と過去形の日本語でとらえます。これを組み合わせると次のようになります。

---

could 原形 → ～する可能性があった → 時には～した
can have p.p. → ～した可能性がある → はっきりはわからないが

lesson 36
could have p.p. の考え方

> **問題**
>
> 空所に入れるのに適当な語を選びなさい。
>
> 1. "I saw Mr. Yamada at Shinjuku Station this morning."
>   "You (   ) have. He's still on vacation in Hawaii."
>
>   a. couldn't   b. didn't   c. might   d. should
>
> 2. Jim had a skiing accident yesterday, but he's all right. He's lucky, because he (   ) hurt himself badly.
>
>   a. could have   b. might   c. should   d. will have

　この問題は could have p.p. の理解を聞いた問題で、どちらも答えは a. です。could have p.p. を理解するためには、場合を分けて考える必要があります。could have p.p. には次の2つのタイプがあります。

> 【Type A】　〈can have p.p.〉の can を could に変えたタイプ
>
> 【Type B】　〈could 原形〉の原形を have p.p. に変えたタイプ

まず、Type A を説明します。can have p.p. は、前のレッスンでお話ししたように、「過去の可能性」を表わす表現で「(はっきりはわからないが)〜した可能性がある」という意味です。この can が could に変わる原因は「時制の一致」と「婉曲」です。「婉曲」というのは、can have p.p. と同じ内容を少し控えめに言うために can を could に変える場合で、「(はっきりはわからないが)〜した可能性があるだろう」という意味を表わします。can have p.p. は否定文か疑問文で使う表現で、肯定文で使うのは不自然です。しかし、婉曲形の could have p.p. にはそのような制約はなく、肯定形でも盛んに使われます。

次に Type B を説明します。Type B は〈could 原形〉の原形を have p.p. に変えた場合ですが、ここでいう〈could 原形〉は「過去の能力」と「過去の可能性」を表わす表現の場合です(〈could 原形〉はこれ以外の意味を表わすこともあるのです)。前のレッスンでお話ししたように、〈could 原形〉が表わす「過去の能力」は「(過去において)〜できた」、「過去の可能性」は「(過去において)〜する可能性があった」という意味です。この原形が have p.p. に変わる原因は「仮定法過去完了」しかありません。「仮定法過去完了」というのは「過去の事実の反対」を表わす表現です。したがって、「過去の能力の反対」なら「(過去において)〜できただろうになあ(実際にはできなかった)」という意味になり、「過去の可能性の反対」なら「(過去において)〜する可能性があっただろうになあ(実際にはしなかった)」という意味になります。

以上をまとめると、**could have p.p.** は次の４つの意味を表わすことになります。

could have p.p. の考え方

> 【Type A】
> （1） **can have p.p.** の時制の一致
>   「〜した可能性がある」
> （2） **can have p.p.** の婉曲形
>   「〜した可能性があるだろう」
>
> 【Type B】
> （3） 過去の能力の反対
>   「〜できただろうになあ(実際にはできなかった)」
> （4） 過去の可能性の反対
>   「〜する可能性があっただろうになあ(実際にはしなかった)」

それでは、最初の問題を検討しましょう。

1. の You couldn't have. は You couldn't have seen him. の省略形です。この could は can を婉曲にしたもので、You cannot have seen him. といっても同じです。could だと少し控えめになるだけです。「君が彼を見た可能性はないだろう」→「君が彼を見たはずはないだろう」という意味です。

2. の he could have hurt himself badly は「仮定法過去完了の帰結節」の形で「過去の可能性の反対」を表わしています。「彼は大怪我をする可能性があっただろうになあ(実際にはしなかったが)」→「彼は大怪我をしかねなかった」という意味です。

lesson 37
If だからといって仮定法とは限らない

> **問題**
>
> 空所にもっとも適当な語句を入れなさい。
>
> 1. If it (　　) raining soon, shall we go out for a walk?
>
>   a. stopped　b. stops　c. will stop　d. would stop
>
> 2. If Jane (　　) more, she may have a nervous breakdown.
>
>   a. would not rest　b. had not rest　c. did not rest
>   d. does not rest

　慣れないと、ある動詞が仮定法か否かの判断に迷うことがあります。このレッスンでは、この視点から、次の２つのアドバイスをしましょう。

> （1）　現在形は仮定法ではない。
> （2）　過去形の動詞が主節で使われているときは仮定法ではない。

Ifだからといって仮定法とは限らない

　仮定法は「仮定法未来・仮定法現在・仮定法過去・仮定法過去完了」の４つだけです。そして、仮定法未来は「過去形の助動詞 (= were to か should)」、仮定法現在は「原形の動詞」、仮定法過去は「過去形の動詞」か「過去形の助動詞＋原形の動詞」、仮定法過去完了は「had p.p.」か「過去形の助動詞＋have p.p.」をそれぞれ使います。これをよく検討すれば明らかなように、仮定法では「動詞・助動詞の現在形」はまったく使われないのです。ですから「現在形は仮定法ではない」と言いきれるのです。

　また、「過去形の動詞」は仮定法過去で使われますが、それは従属節の中に限られます。主節で仮定法過去を使うときは必ず〈過去形の助動詞＋原形の動詞〉にすることに決まっています。ですから「過去形の動詞が主節で使われているときは仮定法ではない」と言いきれるのです。

　それでは、問題を見てください。主節ではどちらも現在形の助動詞 (= shall と may) が使われています。ですから、仮定法ではありません。すると、If 節の中も原則として仮定法ではありません。ちなみに、「主節が仮定法でないのに if 節が仮定法になる」ことがあるのは、仮定法現在と仮定法未来の If . . . should の場合だけです。

　したがって、1. の答えは stops か will stop のどちらかです。しかし、if が作る副詞節の中では未来形は使えないというルールがあるので、stops が正解です。「もしすぐに雨がやんだら、散歩に出かけましょうよ」という意味です。仮定法を使っていないのは、話者が「すぐに雨がやむ可能性は十分にある」と思っているからです。

　同様の理由で、2. の正解は does not rest です。「(これは十分に起こりうることだが) ジェインは、もっと休息をとらなかった

ら、精神的にまいってしまうかもしれない」という意味です。

最後に次の例文を見てください。

Why didn't she speak to me if she noticed me?
---

didn't speak は過去形の動詞（= spoke）の否定形です。ですから、didn't speak は〈過去形の助動詞＋原形の動詞〉ですが、「法」を考えるときは「過去形の動詞」の一種と扱われます。主節に「過去形の動詞」が来るパターンは仮定法にはありません。したがって、この文は仮定法過去ではなく直説法過去で、過去のことを過去形で表わしているだけです。「もし彼女が私に気づいていたのなら、なぜ話しかけてこなかったのだろう」という意味です。

lesson 38
that と it のペア

> 問　題
>
> 下線部の指示語が指すものを説明しなさい。
>
> **Until a few hundred years ago, men believed that the earth stood still; that the sun, the moon, and the stars went around it. It's easy to understand why this was so. After all, that's the way it looked. And nobody could feel the earth moving.**

　下線部では、短い文の中に that と it が連続して出てきます。この that と it をペアにした使い方は、英語の1つの書き方としてパターン化することができます。

　英語でも日本語でも、まず「**A は B をする**」と言っておいて、次に「**B こそ A が行うことだ**」ともう一度念を押すように繰り返すことがあります。この場合、英語では「**B こそ A が行うことだ**」の **B を that** で表わし、**A を it** で表わすのです。つまり、

A does B.　That is what it does.

のように書くのです。これが基本形で、実際には That is what it does. にはいろいろな variation があります。しかし、「That ... it ... の順番で出る」ことと「it が前に出た文の主部を指し、that が前に出た文の述部を指す」ことは変わりありません。

これを念頭に置いて上の英文を見れば、答えは容易にわかります。that's the way it looked の元になっている文は the earth stood still で、that は stood still を指し、it は the earth を指しています。つまり、まず「地球は静止している」と言っておいて、次に「それ(= 静止していること)がそれ(= 地球)が見える見え方だったのだ」→「そういうふうにそれは見えたのだ」と述べているのです。なお、その前に置いた After all は「(その理由はいろいろあるが)結局(決定的な理由は)」という意味です。全体を訳すと次のようになります。

「数百年前まで人間は、地球は静止しており、太陽、月、星が地球の周囲を回っていると信じていた。この理由を理解することはたやすい。結局のところ、そういうふうに地球は見えたし、誰も地球が動いているのを体感できなかったからなのだ」

もうひとつ実例を見てみましょう。

Writing for the radio should be as easy as making intelligent conversation, because basically that is what it amounts to.
「放送原稿を書くことは知的な会話をすることと同じくらいやさしくなければならない。なぜなら、基本的には、まさにそれこそ放送原稿を書くことが最終的に帰着するところだからである」

---

that は making intelligent conversation を指し、it は writing for the radio を指しています。〈S amount to ～〉は「S は帰するところ～に等しい」という意味です。

なお、「that と it のペア」は、拙著『英語リーディングの真実』(研究社)の p. 48 と p. 224 にも実例があがっているので、興味のある方はごらんください。

lesson 39
人民の政治？

> **問題**
>
> 次の英文を訳しなさい。
>
> **Every government of one nationality by another is of the nature of slavery.**

Every government を「すべての政府」と読んだ人は後が続かなくなります。これはいわゆる「名詞構文」なのです。

名詞構文とは「述語動詞をその名詞形に変えることによって文を名詞化したもの」です。つまり、この government は「政府」ではなく「govern すること＝支配すること」の意味なのです。

名詞構文にはいろいろなパターンがありますが、上の英文のように〈動詞派生名詞 **of** ～ **by** ...〉というパターンでは、**of ～ が「意味上の目的語」を示し、by ～ が「意味上の主語」を示します**。したがって、government of one nationality by another は「一国を他国が支配すること」という意味です。文全体を訳すと「一国を他国が支配することはすべて、隷属的性質をおびる」となります。

これと同じ表現は Lincoln 大統領の The Gettysburg Address (1863 年)の中に出てくる次の有名な文句でも使われています。

... government of the people, by the people, for the people ...

これは昔から「人民の、人民による、人民のための政治」と訳されていますが、本当の意味は「**人民を、人民が、人民のために統治すること**」です。研究社の『リーダーズ英和辞典』はこれを「人民による、人民のための人民統治」と訳しています。昔からの訳より、このほうが正確に内容を表わしています。

　名詞構文の例をもうひとつ見てみましょう。

There has always been, to some extent, a prejudice against red-haired people. The reason may well stem from the psychological law of the dislike by the like for the unlike.

　第1文は「赤毛の人に対する偏見は、程度の違いはあれ、これまでつねに存在してきた」という意味です。第2文の〈may well原形〉は「多分、おそらく〜するだろう」という意味です。したがって、law ofまでを訳すと「その理由はおそらく〜という心理的法則に由来するのであろう」となります。

　さて、問題はthe dislike以下です。ここは名詞構文で、the dislikeは「嫌うこと」という意味です。by the likeは「意味上の主語」を示し、for the unlikeは「意味上の目的語」を示しています。したがって、the dislike by the like for the unlikeは「似ている人間が、似ていない人間を嫌うこと」という意味です。文全体を訳すと「その理由はおそらく、互いに似ている人間は、自分たちに似ていない人間を嫌うという心理的法則に由来するのであろう」となります。

　名詞構文は英文を読む際にとても大切です。かための英文を読むのが苦手な人はつねに意識を向けておいたほうがいいでしょう。

lesson 40
too ～ to —?

次の問題を解いてみましょう。

> **問題**
>
> 次の英文を訳しなさい。
>
> **Don't be too hasty to feel superior to these creatures.**

　この英文は一見〈too ～ to – 構文〉のようですが、そうではありません。それは、すぐにわかります。レッスン13で「too ～ to – 構文の最大の特徴は『あいだにはさまれた～と、後ろに続く to – が内容的に矛盾していて、この矛盾を前の too が一発で解消する』点にあります」と書きました。たとえば、

The stone was too heavy for a child to move.

の場合、heavy と for a child to move は内容的に相容れません。ところが heavy に too をつけると、

　「子供が持ち上げるには重すぎる」
　→「非常に重いので子供には持ち上げられない」

となって、矛盾が解消します。
　この視点から問題の英文を見ると、hasty（急いでいる）と to feel superior（優越感を持つ）は、内容的に矛盾しているとは感じられ

ません。「急いで優越感を持つ」ことがあってもおかしくないからです。この英文は be hasty to feel superior to these creatures が下敷きにあり、その hasty を too で強調したものなのです。文全体は「あまり早まって、これらの生き物に対し優越感を抱くようなことをしてはいけない」という意味です。

このように、〈S is 形容詞 to –〉の形の英文で、形容詞を強めるために too または only too を形容詞の前に置くことがあります。こうすると表面上 too 〜 to – 構文と同じ形になるので注意が必要です。

He is too ready to find fault with us.
「彼はなにかというとすぐに私たちにケチをつけたがる」
She was only too glad to put me up.
「彼女は大喜びで私を泊めてくれた」

最後に、次の英文に挑戦してみてください。

All of a sudden the boy leaped to his feet and dashed after the cat. His sister followed him as fast as she could, for she was too eager to know what had happened to stay behind.

---

for までは「突然その少年は跳びあがると猫の後を追いかけた。彼の妹が全速力でその後に続いた、というのは〜だからである」です。

その後ろの was too eager to know は was eager to know が下敷きで、その eager に too がついたものです。ところが、ここで「だから、これは too 〜 to – 構文ではない」と思いこんでしまうと、what had happened to stay behind の全体を名詞節と考

えて、knowの目的語にしてしまいます。しかしこれでは、「彼女はたまたま後に何が残ったのかとても知りたかったからである」となって意味が通りません。

正解は、too eager の too は to stay behind とからんでいて、too 〜 to − 構文の too なのです。know の目的語は what had happened です。全体は「彼女は何が起こったのかとても知りたかったので、後に残っていることができなかったからである」となります。

なお、too 〜 to − 構文でも次のような修辞的な表現では、〜と to − が内容的に矛盾しないときもあります。

It is too good to be true.
「それは、本当であるには良すぎる」
→「それはあまりにも良いので、本当とは思えない」

---

lesson 41
強調構文??

　慶応大学文学部の入試というと、辞書持ちこみ可で超長文問題を出題することで有名です。2000年度の問題は次のようなものでした。

　以下の英文は、イギリスの小説家で元バーミンガム大学英文科教授の David Lodge (1935–) のエッセイ "Why Do I write?" (1986) である。これを読んで、問題に答えなさい。

　次は問題の英文の冒頭部分です。下線部に「和訳しなさい」という設問がついています。ところで、大手出版社の入試問題正解の解答は間違っていました。みなさんは正確に読めるでしょうか。

At the age of fifty, and with a dozen or so books published, it does not seem tautologous to say that I write because I am a writer. To stop writing, not to write, is now unthinkable — or perhaps it is the secret fear to assuage which one goes on writing.

　ダッシュ (—) までを和訳すると、次のようになります。

　「私は年齢50歳で、すでに10数冊の本を出版しているので、私がものを書くのは作家だからだ、と言っても同義反復にはならないだろうと思う。書くのをやめること、書かないことなど今の私には考えられない」

強調構文??

　さて、問題は下線部です。ここを複数の大手出版社の入試問題正解が「it is 〜 which の強調構文である」と解説しています。解答としてあげられているのは「人が書きつづけるのは隠れた不安を静めるためなのかもしれない」というような訳文です。しかし、これは誤りです。

　もし、これが強調構文なら、強調されている語句（= it is と which ではさまれている部分）は the secret fear to assuage（その静めるべき密かな恐怖）ですから、強調する前の形は one goes on writing the secret fear to assuage となるはずです。したがって、下線部の和訳は「人が書きつづけるのは、その静めるべき密かな恐怖である」でなければなりません。しかし、これでは the secret fear to assuage（その静めるべき密かな恐怖）が何を指しているのか不明で、意味が通りません。それから、入試問題正解が解答として提示している訳文は「隠れた不安を静めるため」を強調していますから、英語は it is to assuage the secret fear that one goes on writing になるはずです。この英文は問題文とは違う英文です。

　それでは、正解を考えてみましょう。まず、it は強調構文の it ではなく、前の To stop writing, not to write を指す代名詞で、この文の主語です。次に which は the secret fear を先行詞にする関係代名詞で、to assuage の目的語になっています。そして、to assuage which one goes on writing の全体が which に導かれる関係詞節で、先行詞である the secret fear を説明しているのです。or 以下を訳すと「あるいは、ことによると、それが密かな恐怖になっていて、その恐怖を静めるために人は書きつづけるのかもしれない」となります。この one (= 人)は筆者自身のことを婉曲に指しています。

　関係代名詞が節内で不定詞の目的語になるのはいくらでもあ

ることですが、このように不定詞ごと節の先頭に出るのは珍しいと言ってよいと思います。しかし、別に間違っているわけでも、不自然なわけでもありません。たとえば、次の英文は『教壇の英文法』(宮田幸一著・研究社)に出ている例です。

For two or three days Madame Berger looked dreadfully worried, but then, whatever the difficulty was, it was settled; she dismissed, however, the maid to keep whom had been almost a matter of principle.

— Maugham: *Christmas Holiday*

「2、3日のあいだ、マダム・ベルジュはとても困っている様子だった。しかし、その困っている問題が何であったにしろ、それは解決した。それにもかかわらず、彼女は女中を解雇した。マダム・ベルジュは、女中を使うということをそれまでほとんど当然のことのように思っていたのであるが」

ところで、この慶応大学の英文を数人の英語を職業にしている日本人(英字紙の編集者や会話学校の講師など)に読んでもらったところ、全員が正しく読むことができず(誰でも間違えることはありますから、これはたいしたことではありません)、それどころか、私の解説を理解できない人がいたのには驚きました。ある英字紙の記者は「先生の解説は理解できません。whichがどう使われているのか不明です。これは典型的な受験英語で、こんなことやってるから、日本人の英語はダメなんです」と言い張って、最後まで納得してくれませんでした。

なぜこういうことになるのでしょうか。私の考えでは、こういう人は、ただ「慣れ」だけでやっていて「理屈」ということをまったく考えていないからです。英語のプロでも、「慣れ」だけで英語をやってきた人は、見たことがない英文は理解できず、

なまじ自分に自信があるだけに、そういう英文はすべて不自然な悪文ということにしてしまうのです。特に、それが入試問題だったりすると、「受験英語＝悪」という固定観念がありますから、すぐに「自分が読めない文＝悪文」で片づけてしまうのです。

しかし、「理屈」を理解していて、それに戻って考えられる人は、見たことのない形の文でも、「理屈」を頼りに考えることができるので、なんということはなく読めるのです。この慶応大学の問題は、この力(＝「理屈」から考えられる力)を試したのです。そして、おそらく「誤文だ、不自然な文だ、悪文だ、古い文だ、etc.」という、予想される批判を封じるために、筆者(＝元バーミンガム大学英文科教授)と書かれた時期(＝1986年)を明示したのです。

ここで聞かれているのは「関係代名詞の理屈」です。基本的なことですが、再確認してみましょう。

関係代名詞は「今、あるいはさきほど出した名詞を、ここで、その名詞を含んだ文で説明しますよ」ということを知らせる標識にすぎません。ですから、書き手のその意図が読み手に伝われば、関係代名詞の役目はそれで終わりです。あとは、読み手がその説明文を普通の文を読むときとまったく同じように読んで、それがどんな名詞であるのかわかればいいだけのことです。

別の言い方をすれば、読み手は**関係代名詞を見たら、「あっ！名詞を説明する説明文だ」と思い**、あとはどこからどこまでが説明文だろうということを意識しながら、<u>その説明文を普通の文を読むときとまったく同じように読めばいい</u>のです。ところが、この「普通の文を読むときとまったく同じように読む」ということがなかなかできないのです。具体的にやってみましょう。

He lives in a town in the middle of which is a tall tower.

　読み手は which を見たとき「あっ！　説明文だ。the middle を説明するなら of which is a tall tower が説明文だし、a town を説明するなら in the middle of which is a tall tower が説明文だ。どちらだろう？」と考えて、後者を選び、後は in the middle of which is a tall tower を普通の文を読むときと同じように読んで、どんな town なのかわかる。ただそれだけのことです。読んでみると、次のようになります。

　in the middle of which
　→ which の中身は the town だから、これは「その町の中心に」という意味だ
　is a tall tower
　→「高い塔がある」
　→ なるほど、そういう町か。

　これが「関係代名詞の理屈」というもので、関係代名詞が出てきたらいつでも (= 見慣れない文のときでも)、これと同じようにやればいいのです。ですから、「理屈」がわかっている人は、最初の慶応大学の文を見たとき、次のように頭が動くのです。

---

or perhaps it is the secret fear to assuage which one goes on writing.

---

　or perhaps it is the secret fear
　→「あるいは、ことによると、それは密かな恐怖なのかもしれない」
　to assuage which

→ あれっ！ which だ。すると説明文があるな。the secret fear を説明するなら to assuage which one goes on writing か、または which one goes on writing のどちらかが説明文だ（後者の場合、to assuage は the secret fear を修飾する不定詞になります）。

→ とりあえず、to assuage which one goes on writing を説明文と考えて、読んでみよう。

to assuage which

→ which の中身は the secret fear だから、これは「その密かな恐怖を静めるために」という意味だ

one goes on writing

→「人は書きつづける」

→ なるほど、そういう恐怖か。わかった！

いかがでしょう。「理屈」がわかっている人は、たとえ不定詞から説明文(＝関係詞節)が始まる形を見たことがなくても、「理屈」どおり読んで(これは、いつもやっていることです)、意味が通れば「なるほどね」と納得して、何の問題も起こらないのです。

少し批判じみたことを書きましたが、英語の勉強は「言葉の習得」ですから、私は「暗記」や「慣れ」の重要性は否定しません。その２つに「理屈」を加えれば鬼に金棒じゃないですか、と言いたいだけなのです。

lesson 42
A if B と A if not B

> **問題**
>
> (　　)内の語を並べ替えて、正しい文にしなさい。
>
> **Formerly a book was worth (in, in, if, its, not, weight, gold, silver).**

　ある名詞・形容詞・副詞 (= A) に、それに水を差すような内容の別の名詞・形容詞・副詞 (= B) をつけて、「**B ではあるが A だ**」という言い方をすることがあります。このような場合、英語では 〈**A if B**〉 または 〈**A though B**〉 と言います。たとえば「ゆっくりではあるが大きな変化」なら a great, if gradual, change です。

　同様に、ある名詞・形容詞・副詞 (= A) に、それを上回るような内容の別の名詞・形容詞・副詞 (= B) をつけて「**B ではないにしても、少なくとも A だ**」という言い方をすることがあります。このような場合、英語では 〈**A if not B**〉 または 〈**A though not B**〉 と言います。たとえば「うまくはないが熱心なスポーツマン」なら an eager, if not skillful, sportsman となります。

　上の2つの表現における if はどちらも even if の意味(=譲歩)を表わしています。例文を見てみましょう。

A useful, if somewhat unsatisfactory, clue was provided by the piece of metal.
「やや不満足ではあるが、役に立つ手がかりがその金属片によって与えられた」

The whale moves in water chiefly, if not entirely, by means of its enormous tail.
「鯨は、まったくではないにしても、主として、その巨大な尾によって水中を移動する」

---

chiefly と entirely は moves ではなく by means of its enormous tail を修飾しています。

さて、大学入試では、この表現が「整序作文問題」で問われることがあります。if は従属接続詞ですから、私たちは if を見たら S + V を後に続けることをまず考えます。そのために、この整序作文問題は意外に難しく感じられます。

上の問題は、weight が worth の後ろに置く名詞（= worth の目的語）だとわかれば、語群に動詞がないので、in silver と in gold のどちらかに if not をつける形だとわかります。問題はどちらにつけるかですが、〈A if not B〉は「A ＜ B」の関係（= B が A を上回る内容の語句）になります。そこで、in silver, if not in gold に決まります。正解は、次のようになります。

Formerly a book was worth its weight in silver, if not in gold.
「昔は、書物は、金とまではいかないまでも、少なくとも銀の重さだけの価値があった」

なお、〈A if not B〉は〈if not B at least A〉ということもあり

ます。at least は at any rate や at all events (=「ともかく」という意味の副詞句)のこともあります。正解の文をこの表現に書き換えると、

Formerly a book was worth its weight, if not in gold, at least in silver.

になります。

lesson 43
no + 比較級 + 名詞 + than ～

〈no 比較級 名詞 than ～〉については次の2つの文が有名です。

---

1. A whale is no more a fish than a horse is.
「クジラが魚でないのは、馬が魚でないのと同じだ」

2. A whale is no less a mammal than a horse is.
「クジラが哺乳類なのは、馬が哺乳類なのと同じだ」

ある生物が魚か魚でないかには、程度の観念を入れることができません。100% 魚であるか、100% 魚でないかのどちらかです。哺乳類の場合も同じです。このような、程度の観念が入らない事柄は、本来は比較構文の対象にはならないはずです。

それにもかかわらず、上の文は more や less を使っています。このように、程度の観念が入らない事柄について使った no more ... than ～ や no less ... than ～ は、本来の比較 (= 程度の大小を比べる) の意味を失い、「両方とも否定だ (no more ... than ～ の場合)」あるいは「両方とも肯定だ (no less ... than ～ の場合)」を表わすたんなる枠組み (あるいは目印) の働きしかしていません。

したがって、**程度の観念が入らない事柄について no more ... than ～ を使ったときは、必ず than 以下に明らかに否定的な**

例を置いて「主節も同じように否定だ」という意味を表わします。また、程度の観念が入らない事柄について no less . . . than 〜 を使ったときは、必ず than 以下に明らかに肯定的な例を置いて「主節も同じように肯定だ」という意味を表わします。

　それに対して、次の文は同じく〈no 比較級 名詞 than 〜〉ですが、上の2つの英文とはまったく構造が違います。

You could devise no more humiliating insult than that treatment.

　この文の **no** は **more** とは無関係です。この **no** は形容詞で **insult** を修飾しているのです(レッスン8を参照してください)。したがって、no more humiliating insult than 〜 は「〜より屈辱的などんな侮辱も…しない」という意味になります。

　別の言い方をすれば、この文は、

You could devise no insult.
「人はどんな侮辱も考え出せないだろう」

という文の insult に more humiliating . . . than that treatment をつけたものなのです。全文の意味は、

　「その扱い以上に屈辱的などんな侮辱も考え出せないだろう」
　→「その扱いは人間に考え出せるもっとも屈辱的な侮辱だ」

となります。最後に、もう1文練習してみましょう。

There is probably no stranger sight for a European than to see a grown man drinking a glass of milk in a restaurant in the U.S.

---

no + 比較級 + 名詞 + than 〜

　no は形容詞で sight を修飾しています。意味は「アメリカのレストランで大人の男がミルクを飲んでいるのを見ること以上に、ヨーロッパ人にとって奇妙な光景は多分ないであろう」となります。

lesson 44
比較級 ... than ～

問題

次の英文を訳しなさい。

1. Far more Americans believe they are overweight than are thought overweight by their doctors.
2. It is probably more difficult today to have an intimate relationship that endures than it has been in the past.

問題に入る前に、次の文を考えてみましょう。

More people are in the industrial district than are in the farming district.

この英文は「農業地区にいる人の数より工業地区にいる人の数のほうが多い」という意味です。この内容は、たとえば「商業地区1000人、工業地区100人、農業地区50人」であっても成立します。この文は、工業地区にいる人の絶対的な数の多さのことを述べているのではなく、農業地区にいる人より数が多いという相対的な数の多さを述べているからです。

したがって、「より多くの人が農業地区より工業地区にいる」という訳文は正解ですが、「たくさんの人が農業地区より工業地区にいる」だと誤りになります。さっきのケースだと、たくさ

比較級 ... than 〜

んの人がいるのは商業地区だからです。**「たくさんいる」と「よりたくさんいる」は違う**という点に注意してください。

一般的にいえば、主語に比較級がついているときは、主語から訳し始めるのではなく、than 以下を先に訳して、主語につなげるのがいちばん誤解が起こらなくていいのです。試しにこれで訳すと「農業地区にいる人より多くの人が工業地区にいる」となります。

あたりまえのことですが、「**比較級 ... than 〜**」は、このように **than 以下を比較級にかけて「〜より比較級」という読み方をしなければいけません**。ところが、この基本をうっかり忘れて、とんでもない誤訳をすることがあります。その代表が、このように主語に比較級がついているときなのです。

以上をふまえて問題を見てみましょう。

1. は主語に比較級がついています。この文を主語から訳し始めて、次のような訳文を作る人がいます。

「はるかに多くのアメリカ人が、医者が太り過ぎだと考えるよりも、自分はもっと太り過ぎだと考えている」

これでは「医者は 70 kg で太り過ぎだと考えるのに、本人は自分のことをそれよりもっと太っている（たとえば、80 kg だ）と信じている」という内容になります。この内容自体が意味不明ですが、なによりも本文がこのようなことはまったく述べていません。きちんと than 以下を比較級にかけて訳すと次のようになります。

「医者が太り過ぎと考えるよりはるかに多くのアメリカ人が、自分は太りすぎだと信じている」

要するに「医者が太りすぎと考える人が全米で仮に 200 万人

いるとしたら、それよりはるかに多くの人(たとえば400万人)が自分のことを太りすぎだと信じこんでいる」というのが、この文の内容なのです。

2. は than の直前に endure (持続する) があります。この動詞の意味は程度の観念を入れられるので、ついうっかり(というよりも、無意識に) than 以下を endure にかけて、次のような訳文を作る人がいます。

「以前よりも長続きする親しい関係を持つことは、今日ではおそらくより困難であろう」

この英文は「以前よりも長続きする」とは言っていません。ちゃんと than 以下を比較級にかけると「以前よりも困難だ」という意味です。したがって、次が正解です。

「長続きする親しい関係を持つことは、今日ではおそらく以前より困難であろう」

ささいなことのように思われるかもしませんが、こういう間違いは意外と多いのです。

l e s s o n

45

不許可 ＋ 過度

　次はローマ法王ヨハネ・パウロ二世の後継候補筆頭に挙げられているイタリア人のTettamanzi枢機卿(69歳)に関する英文です。

問 題

　下線部を和訳しなさい。

Tettamanzi could see his prospects fade. Some feel the Cardinals will again look outside Italy, perhaps to Africa or Latin America, where an unabashed Catholicism is booming. And early buzz could wind up backfiring. "You can't seem to want it too bad," says a veteran Vatican official. Or, in the words of an old Vatican dictum, "He who enters the conclave as Pope exits as Cardinal."

　下線部のYouは一般的に「人」という意味です。ただし、ここでは誰でもいいのではなく、法王に選出される資格がある人(＝枢機卿)を指しています。it は papacy(＝法王の地位)です。bad＝badly(ひどく、とても、非常に)です。

　さて、レッスン12でお話したように「cannot ... too ～(どんなに～しても、しすぎることはない)」は「不可能＋過度」の代表的な表現で、大学入試でもしばしば出題されます。本文は表面上これとそっくりですから、これに準じて意味をとり、「過度に

痛切にそれを望んでいるように見えることは不可能だ→どんなに痛切にそれを望んでも、望みすぎに見えることはない→それくらい、それは痛切に望むに値する地位なのだ」と読んだ人がいると思います。しかし、これでは、筆者がここでこの発言を紹介した意図がわかりません。直前の文である And early buzz could wind up backfiring. (早くから下馬評にあがると、結局それが裏目に出る可能性がある)との論理的なつながりが不明なのです。

実は、「cannot . . . too〜」にはもう一つ違う読み方があるのです。**「cannot 原形」には「(能力・可能性がないので)—できない・ありえない」場合と、「(許可されていないので)—できない・ありえない」場合の2つがあります**。たとえば You can't go swimming. は「君は(許可されていないので)泳ぎに行けない→泳ぎに行ってはいけないよ」という意味です。「cannot . . . too〜」が「どんなに〜しても、しすぎることはない」という意味になるのは前者(＝能力・可能性がない場合)なのです。もし、後者(＝不許可)であれば「**(許可されていないので)〜すぎるくらいに…することはできない→〜すぎるくらいに…してはいけない**」という意味になります。たとえば、We cannot be too polite to our guests. を前者(＝不可能＋過度)で読むと「私たちはお客様にどんなに丁重にしてもしすぎることはない」という意味になりますが、We can never be too polite to our guests. を後者(＝不許可＋過度)で読むと「私たちはお客様に丁重すぎてはいけない」という意味になります。

本文を後者で読むと「過度に痛切にそれを望んでいるように見えてはいけない」となります。これは「法王の地位を望むのはいいが、度がすぎると他の枢機卿から権力亡者の疑惑をかけられて、かえって法王になれない」という意味です。これは前文で「早くから下馬評にあがると、結局それが裏目に出る可能

性がある」と言ったことの一つの裏づけになっているのです。

　最後の文の as Pope は内容的には「法王候補として」という意味です。つまり、最後の文は「法王選出会議が始まるとき法王の有力候補と目された枢機卿は、結局法王には選ばれず、枢機卿のままで会議から出てくる→法王には、下馬評に挙がっていなかった思いがけない枢機卿が選ばれるものだ」という意味です。

　（和訳）Tettamanzi は自分の見込みがしぼむのを見ることになるかもしれない。一部では、枢機卿たちは再びイタリア人以外に法王を求めるだろうと予想する向きがある。アフリカやラテンアメリカでは、遠慮せずに自己主張するカトリックの勢力が急拡大しつつあるのだ。それに、早くから下馬評にあがると、結局それが裏目に出るということもある。あるベテランのバチカン職員は「あまり露骨に法王の地位を望んでいるように見えるのはいけない」と言う。また、バチカンの古い格言によると「法王として法王選出会議に入る者は、枢機卿として出てくる」のだ。

lesson 46
being p.p. の考え方

次の例文を見てください。

I was given a book by my father.
「私は父によって本を与えられた」

これは次の第4文型（SVOO）の文を受身にしたものです。

My father gave me a book.

　学習辞書の定義では、was given の was は助動詞、given は動詞です。つまり、was と given を切り離して、まったく別の種類の語だと考えます。それに対して、**中学・高校で勉強する文法(=学校文法)では、was と given をまとめて全体を1つの動詞であると考えます。**

　ところで、すべての動詞には「原形・現在形・過去形・過去分詞形・ing形」という5つの形(=活用)があります。学校文法のように was given を1つの動詞だと考えると、この動詞の活用は何形なのかという問題が出てきます。

　これを学校文法では「**受身の動詞の活用は be の活用による**」とします。つまり「was が過去形なので was given も過去形である」とするのです。

　すると、was given を原形に変えると be given になります。現在形は is given です。過去分詞形は been given で、ing 形は being given となります。つまり学校文法では、**being p.p.** (p.p.

being p.p. の考え方

は過去分詞形のことです)**は全体が1つの動詞で、活用は ing 形であ**ると考えるのです。

ところで、活用の5番目の形である **ing 形は、文中で「進行形・動名詞・形容詞用法・分詞構文」の必ずどれかで使われます**。したがって、being p.p. も1つの動詞の ing 形ですから、当然この4つのどれかで使われます。

具体的に英文で考えてみましょう。

---

1. Advances are being made steadily in nurses' salaries.
　「看護婦の給与水準は着実に向上しつつある」

---

being made はこれ全体が1つの現在分詞で、この文では助動詞の are をつけて現在進行形で使われています。

2. I object to being treated like a child.
　「私は子供扱いされるのが嫌だ」

---

being treated はこれ全体が「扱われること」という意味の動名詞で、前置詞 to の目的語になっています。

---

3. He was elected president of the university being built at Sendai.
　「彼は仙台に建設中の大学の学長に選ばれた」

---

being built は「建設されつつある」という意味の現在分詞形容詞用法で、the university を修飾しています。この built は過去分詞形ですから、being をつけなくても the university を修飾できます。すると、the university built in Sendai となります。この built は、いわゆる過去分詞形容詞用法です。ただ、これ

だと「仙台に建設された大学」または「仙台に建設される大学」となって、すでに建設されたか、またはこれから建設されることになります。being built にすると、「建設されつつある」という進行中の意味が出るのです。

---

4. One of the dogs, being mistaken for a wolf, was shot dead.
　「その犬のうちの1匹は、狼と間違われて射殺された」

---

being mistaken は「間違われて」という意味の分詞構文で、was shot を修飾しています。mistaken は過去分詞形ですから、being をつけなくても was shot を修飾できます。いわゆる過去分詞の分詞構文です。ただ、これだと「間違われていたので」という状態を表わすことになります。being mistaken にすると「間違われたので」という動作を表わすのです。

「受身の動詞のとらえ方」と「ing 形の使い方」、この両方をしっかりつかむと、being p.p. を自由自在にあやつれるようになります。

l e s s o n
47
what is left of 〜

次の英文を読んでください。

The two flight recorders have been found in what's left of the supersonic airliner.

この文の of がおかしいと感じる人がいます。次のようなことを考えるのです。

〈leave 物 for 人〉とか〈leave 財産 to 人〉は辞書に出ている。したがって、これを受身にした〈物 is left for 人〉や〈財産 is left to 人〉ならおかしくない。ところが〈leave 物 of 人〉という表現は辞書に出ていない。したがって、これを受身にした〈be left of 〜〉という形はおかしいのではないか…

というわけです。それとも what's left は what has left の短縮形で、ここは〈leave of 〜〉なのでしょうか。しかし leave for 〜 (〜に向けて出発する)ならありますが、leave of 〜はやはり辞書に出ていません。そんなこんなで釈然としないまま、読み飛ばしてしまうのです。

そろそろ種明かしをしましょう。じつは、**left と of はまったく構造上のつながりがない**のです。

a part of the supersonic airliner と言ったら、誰でも「その超音速旅客機の一部」とわかります。上の表現は、この a part のところに what is left (残されたもの)という名詞節を置いたので

す。つまり of the supersonic airliner は形容詞句で、what's left という名詞節の全体を修飾しているのです。したがって、what's left of the supersonic airliner は「その超音速旅客機の残されたもの」→「その超音速旅客機の残された機体」という意味です。

全体の訳文は「2個のフライト・レコーダーはその超音速旅客機の残された機体の中からすでに発見されている」となります。

この **what is left of**〜(〜の中で残っているもの)という表現は、注意しているとよく目につきます。

さらに実例を見てみましょう。

---

1. In the afternoon, the guns inside fell silent, and Alliance troops entered what was left of the smoldering school.

2. Once the brain dies, there is little sense in trying to preserve what remains of life by plugging it into mechanical equipment.

---

1. は「午後になって、内部の銃声が止み、北部同盟軍はそのくすぶっている校舎の残骸に入った」という意味です。

2. の what remains of life は「生命の残されたもの → 生命の中でかろうじてまだ残っている部分」という意味です。全体の訳文は「いったん脳死状態になったら、生命の中でかろうじてまだ残っている部分を機械的な装置につなぐことによって維持しようとすることはほとんど意味がない」となります。

ところで、〈of + 名詞〉が後ろから what 節を修飾する表現は

what is left of ～

〈what is left of ～〉や〈what remains of ～〉に限りません。次の英文は、塗装店の店員が仕事中、急に店の主人から車に乗るようにと言われ、行き先も告げられずにドライブに連れて行かれるシーンです。下線部を注意して読んでください。

"Where are we doing?" I asked. He did not reply. I decided to settle back. After all, it was better to enjoy <u>what I could of the ride</u> than to stand on a ladder painting shop fronts.

---

couldの後ろにはenjoyが省略されていて、of the rideはwhat I could enjoyを修飾しています。直訳すると「そのドライブの私が楽しめるものを楽しむ」となります。on a ladderは副詞句でto standを修飾し、paintingは分詞構文、shop frontsはpaintingの目的語です。

全体の訳は次のようになります。

「どこに行くんですか」と私は尋ねた。返事はなかった。私はシートにゆったりと身を任せることにした。なんだかんだいっても、はしごに立って店の正面をペンキで塗っているより、このドライブを精一杯楽しむほうがいいに決まってる。

lesson
48
「この川は泳ぐのに危険だ」

こんな英文を書く人がいます。

This river is dangerous to swim.

これは「この川は泳ぐのに危険だ」と言いたいのだと思いますが、この英語ではこの意味は表わせません。違う意味になってしまいます。このメカニズムを説明しましょう。

〈S is dangerous to 原形〉は「S がどういう点で危険なのか」を不定詞で表わす表現です。「S は原形するという点で危険だ」という意味です。ただし、この表現は dangerous の後ろにどんな不定詞でも置けるというわけではありません。

この不定詞は、必ず次の2条件を満たさなければならないのです。

(1) to 原形の後ろに「動詞の目的語」か「前置詞の目的語」が足りない。
(2) その足りない目的語の位置に S が意味の上で入る関係になる。

たとえば、次の文はどうでしょうか。

This knife is dangerous to fillet a fish with.

まず This knife is dangerous (このナイフは危険だ) と述べ、次

にどんな点で危険なのかを to fillet a fish with で表わしています。ところが、この不定詞は後ろに前置詞 (= with) の目的語が足りない不完全な不定詞です。この足りない目的語の位置に、主語の This knife が意味の上で入る関係になります。

　実際に入れてみると、to fillet a fish with this knife (このナイフで魚をおろす)となります。この点でこのナイフは危険だ、と述べているわけです。全体を訳すと「このナイフは魚をおろすには危険だ」となります。

　この視点から最初の英文を見ると、この文が正しいなら「swim は他動詞で、かつ目的語をつけずに使われている」ことになります。そして「This river が swim の意味上の目的語になっている」はずです。つまり、この文は「swim this river という点で this river は危険だ」と言っているのです。

　swim this river は「この川で泳ぐ」という意味ではありません。「この川を泳いで渡る」という意味です。したがって、この文は「この川は泳いで渡るには危険だ」という意味になります。もっとも、「この川を泳いで渡る」は swim across this river とも言いますから、

This river is dangerous to swim across.

のほうが自然な文です。同様に、「この川で泳ぐ」は swim in this river と言うので、「この川は泳ぐのに危険だ」は、

This river is dangerous to swim in.

としなければいけないのです。

以上の説明に基づいて、次の文を読んでみてください。

Mr. Minai is dangerous for a woman to be alone with.

この文は「Mr. Minai は for a woman to be alone with Mr. Minai（女性が薬袋氏と二人っきりになる）という点で危険だ」と述べています。したがって、「薬袋氏は女性と二人っきりになると危ない人だ」という意味です。

なお、**dangerous** と同じ使い方をする形容詞には、他に **easy**、**hard**、**difficult**、**impossible**、**interesting** などがあります。

lesson 49
複数名詞 put together

― 問 題 ―

次の英文を訳しなさい。

England has produced more great poets than all other countries put together.

この問題をやってもらうと、かなり多くの人が次のような訳文を作ります。

「イギリスは、他のすべての国が生み出した詩人よりもっと偉大な詩人を輩出してきた」

この読み方は2点で決定的に間違っています。

まずはじめに、「もっと偉大な詩人」と訳していますが、great の比較級は more great でなく、greater です。したがって「もっと偉大な詩人」は greater poets です。more great poets の more は many の比較級で、poets を修飾しているのです。more great poets は「より多くの偉大な詩人たち」です。

それでは、more famous poets ならどうでしょうか。famous の比較級は more famous ですから、この表現は2通りに読めます。more を famous にかけると「もっと有名な詩人たち」です。more を poets にかけると「より多くの有名な詩人たち」になります。このように〈**more＋形容詞＋名詞**〉は **more** のかけ方によって**2通りの読み方がある**ので、いつも注意する必要が

あります(レッスン8も参照してください)。

次に「他のすべての国が生み出した」と訳していますが、これは all other countries を主語、put together を述語動詞(活用は過去形)と考えているのです。じつは〈**複数名詞 put together**〉という表現はS＋Vではないのです。**put は過去分詞の形容詞用法で後ろから複数名詞を修飾している**のです。直訳すると「一緒に置かれた複数名詞」です。これは複数の人・物を全部合わせて1つの単位にするときの表現で、比較の基準としてよく使われます。

次の文を見てください。

As far as I'm concerned, you're worth all the women in this town put together.
「僕にとっては、君はこの町のすべての女性を合わせたのと同じくらいの価値があるよ」

put together は all the women を修飾しています。

ここまでをふまえて最初の問題に戻ると、all other countries put together は「イギリス以外のすべての国を合わせたもの」という意味なのです。つまり、この文は「イギリス一国が生み出した偉大な詩人の数は、他のすべての国がこれまでに生み出した偉大な詩人の合計数より多い」と言っているのです。偉大な詩人の輩出数ランキングでイギリスは単にトップであるのみならず、2位以下の国に大差をつけてトップなのです。全体を和訳すると次のようになります。

「英国は一国で、他のすべての国を合わせてもかなわないほど多くの偉大な詩人を輩出してきた」

〈複数名詞 put together〉は〈A and B put together（A と B を合わせたもの）〉になることもあります。また、put together の代わりに combined が使われることもあります。

lesson 50
many more 複数名詞 その1

> **問題**
>
> 下線部を訳しなさい。
>
> Most of those who are in the habit of reading books in foreign languages will have experienced a much greater average difficulty in books written by male than by female authors, because <u>they contain many more rare words</u>, dialect words, technical terms, etc.

　下線部を「それらはたくさんのより珍しい単語を含んでいる」と訳す人がいます。これが間違いであることは前のレッスンでお話ししました。rare の比較級は rarer ですから「たくさんのより珍しい単語」は many rarer words になるはずです。すると、more rare words は、more が many の比較級で words にかかることになりますから「より多くの珍しい単語」という意味です。しかし、原文では more rare words の前に many がついています。この many はどう考えたらよいのでしょうか。

　じつはこの many は副詞で、比較級の more を修飾して意味を強めているのです。こう言うと「えっ！　比較級を強める副詞は much や far や by far じゃないの？」と思う人がいるでしょう。たしかに、**比較級を強めて「はるかに、ずっと〜だ」と言い**

たいときは、普通は比較級に **much** や **far** や **by far** をつけます。たとえば、次のような具合です。

John had much more courage than the rest.
「ジョンは他の人たちよりずっと勇気があった」

ところが、これにはひとつ例外があって、**比較級が「many の比較級である more（＝より数が多い）」のときは、much ではなく many で強める**ことになっているのです。たとえば、次のような例です。

There are many more sheep than people there.
「そこでは人間の数より羊の数のほうがはるかに多い」

---

courage は不可算名詞ですから、それについている more は much の比較級です。そこで、これを強めるには原則どおり much でよいのです。それに対して sheep は可算名詞です（ただし sheep は単複同形で、複数でも sheep です）。したがって、sheep についている more は many の比較級です。そこで、これを強めるには much ではなく many を使うのです。

それでは many more rare words に戻りましょう。words は複数名詞ですから、これを修飾する more は many の比較級です。そこで、この more を many で強めているのです。したがって、many more rare words は「はるかに多くの珍しい単語」が正解です。全体の訳は次のようになります。

「外国語で書かれた本を読む習慣のある人なら、大部分の人がすでに経験しているだろうが、女性の著者が書いた本より男性の著者が書いた本のほうが普通はるかに難しい。それは、男性

が書いた本のほうがはるかに多くの珍しい単語や方言、専門用語などを含んでいるからである」

　なお、will have experienced は未来完了ではありません。この will は「推量の will」で、will have experienced は「きっと経験したことがあるだろう」という意味です。

many more
+

sheep or deer?

lesson 51
many more 複数名詞 その2

前のレッスンで、〈many more 複数名詞〉は「はるかに、ずっと多くの〜」という意味だと言いました。この場合の many は副詞で more を修飾しています。ところが、この表現にはもうひとつ別の読み方があるのです。このレッスンではこれをお話ししましょう。

次の文を見てください。

Give me two more apples.

この文は「あと2個リンゴを追加でください」の意味です。この more は additional（追加の）という意味の形容詞で、apples を修飾しています。two は more とは無関係に直接 apples を修飾しています。したがって、two more apples を直訳すると「2個の追加のリンゴ」となります。

ところで、リンゴを追加してもらいたいときに、2個ではなく、たくさん追加してもらいたかったらどう言ったらいいでしょうか。その場合には、two の代わりに many を置いて、

Give me many more apples.
「さらに追加で、たくさんリンゴをください」

と言えばいいのです。これが〈**many more 複数名詞**〉のもう

1つの読み方です。「さらに他に多くの〜」という意味になります。この場合の many は形容詞で複数名詞を修飾しています。

ここまでをふまえて、次の問題に挑戦しましょう。

問 題

次の英文の下線部を訳しなさい。

1. Patients are suffering and dying from illnesses that science predicted 40 years ago would be wiped off the face of the earth. The scientists were wrong. Before science catches up with the microbes' evolution, <u>many more people</u> will die.

2. Deng Xiaoping bequeaths to his successor a country in the throes of a capitalist revolution that has benefited millions while making <u>many more people</u>, particularly in the still underdeveloped inland regions, dangerously disgruntled.

（注）Deng Xiaoping: 鄧小平

---

1. の全訳は以下のとおりです。

「やがて地上から一掃されるであろうと 40 年前に科学が予言した病気によって、今でも患者たちは苦しみ、命を奪われつつある。科学者たちは間違っていたのだ。科学が細菌の進化に追いつくまでに、<u>まださらに多くの人</u>が病に倒れるであろう」

many を副詞にして「これまで細菌感染により死んだ人の数よりはるかに多くの人がこれから死ぬ」と読んでは、私たちはパニックになってしまいます。

2. の全訳は以下のとおりです。

「鄧小平が自分の後継者に託すのは、資本主義革命に必死で取り組んでいる国だ。この革命は、何百万の人々に恩恵を与える一方で、はるかに多くの人々、特にまだ開発が遅れている内陸部の人々に危険なまでに不満を抱かせている」

この many more people と対比されているのは millions です。millions は恩恵を受け、many more people は不満を抱いています。両者の立場が逆ですから「さらに追加で多くの人々」では意味が通りません。

lesson 52
The 比較級, the 比較級

次の問題は、昭和9年度旧制第一高等学校の入試問題です。みなさんは正確に読めるでしょうか。ぜひ挑戦してみてください。

問 題

次の英文を訳しなさい。

Music, in the highest sense, stands less in need of novelty. The older it is and the more we are accustomed to it, the greater the effect it produces upon us.

〈The 比較級 S + V, the 比較級 S + V〉の形は、前半が副詞節、後半が主節になります。

この英文には〈the 比較級〉が3つ出ています。and の位置を見ると、and が最初の〈the 比較級 S + V〉と2番目の〈the 比較級 S + V〉のあいだにありますから、最初と2番目の〈the 比較級 S + V〉が副詞節で、3番目の〈the 比較級 S + V〉が主節であることがわかります。

問題は主節の構造です。effect に the がついていることに違和感を覚えた人はいないでしょうか。あるいは、何も感じないで the greater を the effect にかけ、the effect を produces の目的語にして、「それはますます大きな影響を我々に及ぼす」と読んだ人はいませんか。

形容詞は the (= 定冠詞)を飛び越えて後ろの名詞を修飾することは原則としてできません。この例外は all the ～ や both the ～ などごく少数の決まった形に限られます。したがって、the greater が effect を修飾し、effect が produces の目的語であるなら、the greater effect it produces upon us でなければなりません。effect に the がついていることは、the greater が effect を修飾していないことをはっきり示しています。形容詞が名詞修飾をしていないとしたら、それは補語です。

the greater を補語に読むためには、補語を伴う動詞(= SVC を作る「不完全自動詞」か、SVOC を作る「不完全他動詞」)が必要です。しかし、produce は不完全自動詞でも不完全他動詞でも働きません。いったいこれはどうしたことでしょうか。

じつは **〈The 比較級 S + V, the 比較級 S + V〉においては、V が be 動詞のときは頻繁に省略される**のです。この文では the greater と the effect のあいだに is が省略されていて、the greater が補語、省略された is が述語動詞、the effect が主語なのです。it produces upon us は形容詞節で the effect を修飾しています。effect と it のあいだに、produces の目的語になる関係代名詞の which (この文では省略されています)を入れるとわかりやすいでしょう。

全体を補って主節を書き直すと、次のようになります。

---

the greater is the effect which it produces upon us

全体の訳は次のようになります。

「最高の意味における音楽は新しさを必要とすることは比較的少ない。音楽が古ければ古いほど、また我々が聞き慣れていればいるほど、それが我々に及ぼす影響はますます大きくなるの

である」

　この表現ではVがbe動詞のとき頻繁に省略されることを知らないと、正確に読めない問題です。

lesson 53
whoeverの2つの意味

問 題

次の英文中で間違っている下線部をひとつ選びなさい。

The supervisor <u>was advised</u> to give the assignment to <u>whomever</u> <u>he believed</u> had a strong <u>sense of responsibility</u>.

　もちろん、間違っている下線部は to whomever です。whomever は to の目的語ではなく、had の主語ですから、主格の whoever でなければいけません。

　ところで、問題はその後です。この文を何も考えずに直訳すると次のようになります。

「その監督者は、強い責任感を持っていると彼が信じる人には誰にでも、その課題を与えるのがいいと忠告された」

　これは、どういう状況なのでしょうか。いったいこの「課題」はいくつあるのでしょうか。これは「その課題はいっぱいあるのだから、強い責任感がある人間なら誰にでもどんどんやらせたらいいじゃないか」というアドバイスなのでしょうか。何かスッキリしないものを感じませんか。このレッスンでは、この問題について考えてみましょう。

　そもそも **whoever 節（= whoever + V）は名詞節になる場合と副詞節になる場合があります。そして、名詞節の場合は whoever**

を最後に訳して「でも」をつけ「Vする人は誰でも」と訳します。副詞節の場合は動詞を最後に訳して「とも」をつけ、「誰がVしようとも」と訳します。例文で確認しましょう。

【名詞節】

Whoever wants the ticket may have it.
「そのチケットが欲しい人は誰でももらえる」

【副詞節】

Whoever may want the ticket, he cannot get it without paying a lot of money.
「誰がそのチケットを欲しがろうとも、大金を払わずに手に入れることはできない」

ところで、名詞節(=Vする人は誰でも)の内容には次の2つのタイプがあります。

[Aタイプ] 「Vする人が複数で、その全員が」という意味の場合
[Bタイプ] 「Vする人が1人で、その人が田中さんでも佐藤さんでも井上さんでも、誰でもいい」という意味の場合

次の2つの文を比べてください。

---

1. Whoever made the sarin must have lacked the skill to distill it into pure form.

2. Whoever makes sarin must have the skill to distill it into pure form.

---

whoever の 2 つの意味

　1. の Whoever は B タイプで、「そのサリンを作った人間が1人いて、それが誰であれ(＝オウムの人間であろうと、そうでなかろうと、それが誰であるにせよ)ともかくそのサリンを作った人間は、それを純粋な形に蒸留する技術を欠いていたに違いない」という意味です。

　2. の Whoever は A タイプで、「サリンを作る人は誰でも(＝サリンを作る人間が何人いようとも、その全員が)それを純粋な形に蒸留する技術を持っていなければならない」という意味です。さきほどの Whoever wants the ticket may have it. の Whoever はもちろん A タイプです。

　さて、以上の視点から最初の問題を考えれば、すぐに状況がわかります。この whoever は B タイプで、ここでの the assignment は1つの課題であり、the supervisor (たとえば会社の課長です)はこれを部下の誰か1人にやらせたいのです。誰にやらせたらいいか迷って、上司の部長に相談したら、部長は「田中君でも、佐藤君でも、誰でもいいじゃないか。君がこの男は責任感が強いと思うなら、その男にやらせたまえ」とアドバイスしたというのがこの英文の内容なのです。

lesson 54
no matter what

　一般に文法書では no matter what = whatever と書いてあります。そのために、多くの人が次の2点で誤解をしています。

　【誤解1】　whatever はいつでも no matter what で書き換えられる。
　【誤解2】　whatever を no matter what で書き換えるときは、whatever の代わりに no matter what を置けばよい。

　この2点の誤解を解くためには、no matter 構文の成り立ちを理解する必要があります。
　じつは no matter what は what の前に no matter をつけたものではなくて、まず疑問詞の what が作る名詞節が先にあるのです。たとえば what he tells you「彼が君に何を言うかということ」のような表現です。次に、この名詞節(疑問詞が作る名詞節ですから間接疑問文と呼ばれます)を「仮主語−真主語構文」の真主語において次のような文を作ります。

It is no matter what he tells you.
「彼が君に何を言うかは問題ではない」

　さて、この文から It is が脱落して、残った全体が副詞として働くようになった(= 副詞節になった)ものがいわゆる no matter 構文なのです。すると次のようになります。

no matter what he tells you
「彼が君に何を言うかは問題ではない、そんなこととは無関係に」
→「彼が君に何を言おうとも」

これを使って英文を作ると次のようになります。

No matter what he tells you, you must obey it.
「彼が君に何を言おうとも、君はそれに従わなければならない」

こういう成り立ちですから、**no matter 構文の本質は「〈no matter + 間接疑問文〉が副詞節として働いているもの」**なのです。そこで、さきほどの2つの誤解を検討してみましょう。whatever が作る従属節は名詞節と副詞節の2種類あります。no matter 構文は必ず副詞節ですから、名詞節を作っている whatever は no matter what では書き換えられないわけです。

たとえば、次の英文の whatever 節は名詞節ですから no matter what では書き換えられません。

You must obey whatever he tells you.
「彼が君に言うどんなことにも君は従わなければならない」

このことは whatever に限りません。whoever でも whichever でも wherever でも、wh-word に ever がついたものはすべて同じで、**副詞節を作っている場合でなければ no matter 構文では書き換えられない**のです。

それでは、次の英文を見てください。

The idle man, to whatever extent his life may be prolonged, will come to no good.
「怠け者は、どんなに長生きしようとも、ろくな者にはなれまい」

to whatever extent his life may be prolonged は全体が副詞節です。節の中で whatever は形容詞として働いて extent を修飾し、extent は前置詞 to の目的語です。to whatever extent は副詞句で、be prolonged を修飾しています。

　さて、これは副詞節ですから no matter 構文で書き換えられるはずです。しかし、単純に whatever の代わりに no matter what を置いて to no matter what extent his life may be prolonged としたのでは間違いです。no matter 構文は〈no matter＋間接疑問文〉ですから、

---

no matter to what extent his life may be prolonged

にしなければなりません。こうすると、「to what extent his life may be prolonged（彼の命がどの程度伸びるかということ＝彼がどれくらい長生きするかということ）は問題ではない、そんなこととは無関係に」という意味になって、to whatever extent his life may be prolonged と同じ意味を表わすのです。

lesson 55

Whatever is, is right.

Whatever is, is right.

　この言葉はイギリスの詩人 Alexander Pope（1688–1744）が1733年に London で出版した An Essay on Man という詩集の EPISTLE Ⅰ（書簡一）に出ている詩の一節です。これは古来人口に膾炙(かいしゃ)している有名な言葉であるのみならず、私には宗教の真髄をたった4語で表わした至言に感じられます。最後のレッスンは、この言葉を材料に whatever 節について勉強しましょう。

whatever が作る従属節は名詞節と副詞節です。そして、whatever 自体は自らが作る従属節の中で名詞か形容詞として働きます。したがって、whatever 節は次の4種類です。

（1）　**名詞節を作り、自らは名詞として働くタイプ**
I will give you whatever you need.
「あなたが必要なものは何でも差し上げます」

（2）　**名詞節を作り、自らは形容詞として働くタイプ**
We can rely on whatever word he says.
「彼が言う言葉はどんな言葉でも信頼できる」

（3）　**副詞節を作り、自らは名詞として働くタイプ**
It was all the same to him whatever she wore.
「彼女が何を着ようとも、彼には同じことだった」

（4）　**副詞節を作り、自らは形容詞として働くタイプ**
Whatever faults he may have, meanness is not one of them.

「彼がどんな欠点を持っていようとも、卑劣さはその中にない」

　上の例文の訳を検討すると、**名詞節のときは「whatever」ないし「whatever＋名詞」の部分を最後に訳して「でも」をつけているのに対し、副詞節のときは従属節内の述語動詞を最後に訳して「とも」をつけている**ことがわかります。

　この視点から Whatever is, is right. を読んでみましょう。まず、2つの is は現在形＝述語動詞ですから、それぞれ主語が必要です。しかも、is と is をつなぐ等位接続詞（＝and, but, or）がないので、それぞれの主語は異なるはずです。このことから Whatever is が名詞節で、is right の主語であることがわかります。

　次に名詞節内の構造は、Whatever is だけで完全な文に読まなければいけないので、Whatever が名詞で主語、is は完全自動詞（＝第1文型を作る動詞）となります。be 動詞を完全自動詞で使ったときは「存在する」という意味です。そして、これは名詞節ですから Whatever を最後に訳して「でも」をつけるはずです。やってみると「**存在するものは何でも正しい**」となります。

　この世の森羅万象すべてに対して（自分の病気や死に対しても）「OK! 異議なし」と受け入れるのが（もっと正確にいえば、異議が感じられなくなるのが）宗教的人間の究極の姿です。キリスト教なら「すべては神の御心のままに」とでもいうのでしょう。禅仏教ならさしずめ「日日是好日(にちにちこれこうにち)」でしょうか。この Pope の言葉は宗教のギリギリのところをズバリ言い切った力強い言葉だと思います。ご参考までに、全文を紹介しましょう（訳文は岩波文庫『人間論』上田勤訳）。

Whatever is, is right.

Epistle I
Of the Nature and State of Man
with respect to the Universe.

X. Cease then, nor Order Imperfection name
Our proper bliss depends on what we blame.
Know thy own point: This kind, this due degree
Of blindness, weakness, Heav'n bestows on thee.
Submit — In this, or any other sphere,
Secure to be as blest as thou canst bear:
Safe in the hand of one disposing Pow'r,
Or in the natal, or the mortal hour.
All Nature is but art, unknown to thee;
All Chance, Direction, which thou canst not see;
All Discord, Harmony, not understood;
All partial Evil, universal Good:
And, spite of Pride, in erring Reason's spite,
One truth is clear, "Whatever is, is right."

書簡一
人間の性質、状態と宇宙との関係について

（十）　やめるがよい、秩序を不完全呼ばはりすることを。
我らにふさはしい幸福は、我らが非難するものに依存してゐるのだ。
汝ら自身の立場を知るがよい。この種類この程度の盲目や弱さは、
神が汝に與へたものなのだ。

服從するがよい、この世界でも、また、他のいかなる世界でも、
汝は身分相應に恵まれてゐると信じてよいのだ。
生れる時も、死ぬ時も、安全に、
唯一の攝理の神の手の中にあるのだ。
自然全體は汝の知らぬ技術で、
すべての偶然は汝には見えない掟なのだ。
一切の不調和は汝の理解を超えた調和で、
部分的な悪は悉く全體的な善なのだ。
思ひあがりや、誤りやすい判斷にもかかはらず、
一つの眞理は明白だ。—— すべてあるものは正しいのだ。

postscript
あとがき

本書をお読みになった感想はいかがでしょう。
「なんだ『学校で教えてくれない英文法』なんてタイトルだから、どんなすごいことが書いてあるかと思ったら、ただの学校文法じゃないか」とお思いになった方もいるかもしれません。そういう方はサブタイトルにご注目ください。サブタイトルは「英語を正しく理解するための55のヒント」です。そうです、英語を正しく理解するためには学校文法で十分なのです。

　私たちは、いま使っているものや今までやってきたことでうまくいかないと、「これではダメだ。何か別のもの、別のことが必要なんだ」と思いがちです。しかし、待ってください。そういうときは往々にして、いま使っているものの「使い方」がまずかったり、今までやってきたことが「不十分」だったり、という場合が多いのです。

　英語も同じで、誰でも中学・高校で英語を勉強した記憶はありますから、「それでいま英語がわからないとしたら、中学・高校の勉強(=学校文法)が悪いからだ」と考えがちです。実際、この考え方に応えるかのように、学校文法をあげつらって、「真に実用的で、筋の通った、新しい文法を提示する」と称する本が毎年何冊も出版されます。読者の中には、こういう本を次々に渡り歩いて、頭が混乱している人もいます。

　私は「はじめに」で「学校文法で英語嫌いが増えるのだとしたら、それは『学校文法』が悪いのではなく、学校文法の『教え方』が悪いのだ、となぜ考えないのでしょうか?」と書きました。それと同じで、学校文法で英語がわからないとしたら、そ

あとがき

れは「学校文法」が悪いのではなく、学校文法の「勉強」が不十分なのだ、となぜ考えないのでしょうか。

　新しい文法体系など、英語学者になるのでもなければ必要ないのです。英語をあやつるベースは、私たちの先人が築き上げてきた学校文法の体系で十分です。英語がわからないのであれば、まず「学校文法の体系」を頭の中に構築すべきです。ただし、学校文法の枠組みで英文を捉える力がついても、それだけで何もかも解決するわけではありません。細部で、はっきりわからない点や読めない個所が残ります。そこが問題です。そういうとき「だから学校文法じゃダメなんだ」と思ってはいけないのです。「学校文法をベースにして、足りない個所を補完しよう」というふうに考えるべきなのです。

　ですから、本書は「学校で教えてくれない英文法」という、なんだか挑戦的なタイトルですが、「学校で教えてくれる英文法」をけなす意図は毛頭ないのです。「何でもかんでも、学校の限られた時間内で教えてもらえるわけではない。学校で教わらないことで、英語の正しい理解に資する事項はたくさんある。だから、それを補完しましょう」と言っているだけなのです。実際、本書には斬新で独創的な文法体系などどこにも書いてありません。しかし、学校文法の体系を身につけた人が本書を読めば、前よりも一段と正確に英語を理解できるようになると自負しています。

　ここで、私事を言わせていただくと、私の本職は予備校講師です。予備校生というのは、中学・高校で6年間学校文法を勉強してきた人たちです。ですから、学校文法の体系は一応身についているはずです。そこで、私は一年間予備校生に対して「学校文法の体系を補完するもの（＝本書で書いたような内容）」を教えればよいのです。それで、予備校生は正確に英文を理解で

きるようになって、志望大学に合格していくはずです。実際、昔はそうだったのです。いわば、本書は、昔私が予備校で教えていた講義ノートを活字にしたようなものです。

ところが、今はまったく違います。中学・高校で6年間英語を勉強しても、学校文法の体系が身についている学生は稀です。そもそも、学校文法を中学・高校できちんと教えなくなっているのです。いやそれどころか、いま私は「英語を勉強して」と言いましたが、「『勉強』なんていう捉え方が間違っている。英語は楽しく遊びながら自然に身につけるものだ」というのですから、お話しになりません。これでは、「幼児教室の英語」と「中学・高校の英語」を混同しているとしか言いようがありません。

Listening や Speakingならこれでもいいでしょう。しかし、Reading や Writingとなると、楽しく遊んでいるうちに自然に身につくレベルはたかがしれています。大学入試で要求されるレベルの英文を読み・書きするためには「勉強」が必要です。さればこそ、昔は中学・高校で学校文法をきちんと仕込んだのです。

そんなわけで、今では予備校生に対して学校文法の体系を一から教えなければなりません。一年弱で学力を学校文法の初歩から大学入試レベルにまで引き上げる(それも、学校文法の必要性を感じない学生を相手に)のは非常に難しいことです。予備校講師は、昔は楽しい仕事だったのですが、最近は生徒の学力向上を真剣に考える教師にとっては、ストレスのたまる、なかなか辛い仕事になっています。

おっと！　つい愚痴になってしまいました。私が言いたかったのは、そんなことではないのです。本書をお読みになった方の中で「自分はまだ学校文法の体系が十分に身についていない

あとがき

ので、本書の内容を生かせない」とお考えの方がいらしたら、ぜひ学校文法を勉強してください。ただし、勘違いしないでください。ベースとして必要な学校文法の体系というのは、普通世間一般で言われている「前置詞の使い分け」とか「助動詞の様々な意味」などではないのです。まず最初に身につけなければいけないのは、「品詞」と「働き」の関係とか、「動詞の活用」はどのように頭をコントロールするのかとか、「関係代名詞」とはどういう機能を果たす語なのか、といった構文的な事項です。このような事項に絞って集中的に勉強できる本として、まことに手前味噌ですが、拙著『英語リーディング教本』をお薦めします。いまさら受験参考書でもあるまい、という方には『英語リーディングの秘密』がいいでしょう。このどちらかの本をお読みになってから本書に戻ってくると、本書の内容を本当に生かせるようになるし、また、たくさん出版されている前置詞や助動詞についての本も役に立つようになります。

　世の中には安易な道を勧めるcatchingな宣伝文句が溢れかえっています。しかし、There is no royal road to learning.（学問に王道なし）です。必要なことは面倒くさがらずにコツコツと勉強してください。それが結局はroyal roadになるのです。

index
索 引

■あ行
一般動詞　025
意味上の主語　050, 051, 090, 108, 109
意味上の主語・述語関係　087
意味上の目的語　009, 011, 014, 054, 108, 109, 138
婉曲　101, 102, 114

■か行
過去における可能性　097, 099
過去に対する推量　098
過去の可能性　101, 102
可算名詞　027
活用　131, 132
仮定法過去　104, 105
仮定法過去完了　101, 102, 104
仮定法現在　104
仮定法未来　104
仮主語　012–014, 062, 064, 155
仮主語–真主語の構文　012, 155
仮目的語　029
関係形容詞　044–046
関係代名詞 it is . . . to –　062
関係代名詞の理屈　116, 117
関係副詞　057
間接疑問文　071, 094, 155–157
完全な動名詞　010, 011, 013
完全な文　159
完了　069

完了動名詞　050–052
疑問詞 is it . . . ?　093
疑問詞 is it that . . . ?　093
疑問詞 was it that . . . ?　092
疑問詞を強調する構文　092
疑問文の(疑問文と同じ)語順　004, 071, 077
強調構文　092–094, 114
形容詞＋ones　076
原因・理由　056
「異なり」と訳す as　019, 020

■さ行
最上級の意味　001
事後の対応　084, 085
時制の一致　094, 101, 102
事前の対応　084, 085
十分条件　048
主語の扱いをうける there　089
譲歩　026, 027, 119
助動詞の be to　088
所有形容詞　044
進行形の倒置　087, 088
真主語　012–014, 064, 155
真目的語　029
推量の will　145
接頭辞の over　030, 031
前置詞の目的語　008–010, 014, 093, 137, 138

索　引

■た行
代動詞　016, 017
対比の as　020
単数・無冠詞　027
単独首位　001, 002
単文　050
直接実行者　068, 069
直説法過去　105
程度の概念　122, 123, 127
等位接続詞　159
同格名詞節　057, 058
動詞の目的語　008–010, 137
動詞派生名詞 of ～ by...　108
同族目的語　011
倒置　024, 025, 063, 087, 088
同率首位　001, 002

■な行
内容的矛盾　032
能動態の動名詞　009

■は行
比較級 ... than ～　126
比較級 than any（other）～　001, 002
比較級を強める副詞　143
否定語 ... so 原級 as ～　059
否定の意味の副詞　004
不可能＋過度　030, 031
不完全な動名詞　009, 010, 014
不完全な不定詞　138
複合関係形容詞　064
複合関係代名詞　062
副詞的目的格　035–038
複文　050

文頭の So＋形容詞＋do　024
平叙文の語順　094
補語　008, 012, 023, 024, 036, 037, 093, 150

■ま行
無意志　065–069
無冠詞 複数名詞　076
名詞 of what S＋V　040, 041
名詞／形容詞／副詞＋as＋S＋V　026
名詞構文　108, 109

■や行
有意志　065–069
誘導の副詞　089
様態　006, 016, 017, 026, 028, 029, 035, 036

■ABC 順
A and B put together　142
A＋as＋原級形容詞＋as B　080, 081
A if B　119
A if not B　119, 120
A though B　119
A though not B　119
a 形容詞 one　073
a 先行詞　078
accompany　053
after all　107
any ... not の語順　003
as (＝従属接続詞)　006, 017, 026
as (＝対比)　020

as far as 047–049
as for 095
as long as 047–049
as to 095
as with 096
as + 形容詞 / 副詞 + as + S + V 027
as 原級 as 026
as 原級 as any (other) 〜 001, 002
as + 原級形容詞 + A + as B 080, 081
as + 原級形容詞 + 名詞 + as 080
as + 代名詞 + be 006
as + 代名詞 + do 016
as を用いた譲歩構文 028
attend 055
be 動詞 025
being p.p. 009, 131–133
by far 144
combined 142
can have p.p. 097, 098, 100–102
can 原形 097
cannot 〜 enough 031
cannot 〜 too 030
consider O as C 087
could have p.p. 100, 101
could 原形 097, 100, 101
did you say と疑問詞 070
exaggerate 030, 031
far 144
have + O + 過去分詞 068, 069
have + O + 原形 065, 067
having been p.p. 052
having p.p. 051
human nature 063

if not B at least A 120
if only S + V 048
It is 被強調語 . . . 093
in case S + V 084
-ing be S 088
look like 060
many more 複数名詞 143, 146
more + 形容詞 + 名詞 140
much as S + V 028, 029
no less . . . than 〜 122, 123
no matter what 155
no matter 構文 155–157
no more . . . than 〜 122
no + 形容詞 + 名詞 021, 023
no 比較級 名詞 than 〜 122, 123
no + 名詞 003, 005
not so much A as B 059
not so much as V 059
not too 〜 to − 033
of + 関係代名詞 039, 041
one 076–079
only too 111
overemphasize 030
overestimate 030
put together 140
S amount to 〜 107
S be worth -ing 009
S is dangerous to 原形 137
S is 形容詞 to − 111
S + V + there + to be 名詞 091
so far as 049
so long as 049
So much 025
so 〜 that 構文 024, 025, 029
some 076, 077

that（＝関係代名詞） 072
that（＝指示代名詞） 073, 075, 083
that of ～ 073
the one 073–075, 077–079
the ones 073–075
the reason that S + V 056
the reason that 結果を表わす S + V 057
the reason that 理由を表わす S + V 057
the way + S + V 017
the 先行詞 078
The 比較級 S + V, the 比較級 S + V 149, 150
there（＝誘導副詞） 089
There is 構文 091
those（＝指示代名詞） 073–075
those of ～ 073
too ～ not to – 033
too ～ to – 032, 033, 110–112
what（＝関係代名詞） 008, 041, 063
what（＝疑問詞） 071, 155
what is left of ～ 135
what remains of ～ 135, 136
whatever 062–064, 155, 158, 159
while の省略 013
whoever 152–154
worth + -ing 009
worth + 名詞 008
worth の目的語 008, 009, 012–014, 120

■設問出典表

p.006	早稲田大学
p.016	センター試験
p.019	共通一次試験
p.026	京都外国語大
p.032	東北大
p.035	早稲田大
p.044	1. 同志社大
	2. 岩手大
p.047	1. 駿河台大
	2. 亜細亜大
p.059	一ツ橋大
p.062	東北大
p.076	駒沢大
p.082	筑波大
p.085	駿河台大
p.087	慶応大
p.089	東京外国語大
p.091	東京都立大
p.092	愛知大
p.093	共立女子大
p.100	センター試験
p.103	センター試験
p.106	早稲田大
p.111	広島大
p.113	慶応大
p.143	名古屋大
p.149	旧制第一高等学校
p.152	上智大